杜修立 著

开放条件下中国经济
增长模式的实证研究

EMPIRICAL ANALYSIS ON CHINA'S
ECONOMIC GROWTH IN AN OPEN ECONOMY

社会科学文献出版社
SOCIAL SCIENCES ACADEMIC PRESS (CHINA)

　　本书为江苏高校现代服务业协同创新中心、江苏高校人文社会科学校外研究基地"江苏现代服务业研究院"和江苏高校优势学科建设工程资助项目（PAPD）的研究成果；并受江苏省教育厅重点项目"金融创新、结构调整与江苏经济全要素生产率"（项目编号：NCXTCX15013）的资助。

目　录

第1章 导论

1.1 选题说明

本书运用实证分析的方法，试图从不同的侧面研究改革开放以来中国长期经济增长的若干重要问题。

改革开放以来，中国经济经历了高速增长，新的经济现象和经济关系不断转换。实证分析是对经济现象和经济关系的一种确认，可以揭示出繁杂的经济现象的真实面貌。

与中国经济的高速增长相伴随的是中国经济的转轨过程和逐步扩大的对外开放，所以，中国经济的高速增长和经济结构的变迁都表现出不同于发达国家和其他发展中国家的特征。中国空前的经济改革需要理论的指导。我们知道，任何科学理论的性质都是一种假说，可证伪性是其科学性的体现，也是理论得以发展的前提。如果一种理论不能被事实证伪，或者获得了事实的支持，理论对实践的指导意义就得到了加强，否则，需要发展新的理论。所以，发源于西方发达国家的经济理论以及其他国家的发展经验，是否适应于中国迅猛发展的经济实践，需要一个认真的实证检验过程。所以，实证分析可以使我们正确认识中国经济增长的特征事实及其各种关系，对于中国进一步深化改革，保持经济长期增长无疑具有重要意义。

由于进行实证分析能够更加清晰地观察到经济现象的本质，因此，实证分析还可以促进对现象提出理论解释，进行实证分析是构建能够直接指导中国经济实践的经济理论的起点。所有的这些实证分析，实际上是借助基本经济学原理，对中国经济增长问题的再分析。在运用已有的原理或方法对不同的对象进行分析的过程中，必然会对已有的理论方法加以改进，或发展出新的理论方法，所以分析本身也是一个理论创新的过程。

由于经济现象的复杂性，人类行为的互动性（包括不同个体之间、个体与组织之间，以及个体在现实与预期之间的互动）以及经济的不可试验性，实证分析实际上是一项颇具挑战性的工作。不同于经济理论研究重在提出理论解释，实证分析，特别是"经验验证"，则重在"证到实处"。虽然经济学家已经拥有了各种统计手段和复杂的经济计量工具，但要把问题证到实处，仍然是一个理论联系实际的典型的研究过程，从而是经济研究中富有魅力的一部分。

概括来说，本书的研究是在经济学的基本框架下，从中国长期经济增长中的基本现象出发，对中国经济增长有关问题进行实证分析。

1.2　主要内容

本书实证分析的主要问题包括，中国省际经济增长的收敛性，对外贸易规模的发展规律，吸引外商直接投资的决定因素，中国经济的技术进步和结构变迁，以及政府在经济发展中的作用。

本书的研究从国内省际经济增长的分析开始。中国实行渐进改革，由沿海到内地逐步开放的政策，地区间的均衡发展是中国经济实现可持续发展必须面对的课题。如何解释经济随时间的增长以及各地区间经济发展水平的差距一直是经济增长理论研究的两个中心问题。由于中国省份较多，具有各自的统计系统，因此为研究经济增长的这两个中心问题提供了理想的"试验数据"。本书利用改革开放以来各省份经济增长的数据，对中国省际经济增长收敛与发散的原因进行实证分析。

然后，本书分析了中国经济增长的外部联系，包括中国对外贸易和外商直接投资（FDI）的流入问题。之所以分析中国对外贸易的相对规模——外贸依存度，不仅因为外贸是中国经济高速增长的三驾马车之一，其持续稳定发展对于经济增长具有重要意义，还在于中国改革开放以来，特别是近年来，中国外贸依存度数字的提高如此之快，以至于成了反对扩大对外贸易或限制对外贸易的一个新的理由。类似于传统发展经济学的特点，我们没有建立严格的经济发展的理论模型，而是通过将外贸依存度与经济发展阶段联系起来，根据世界各国发展的经验，总结出了外贸依存度发展的一条经验规律。

外商直接投资被认为对中国经济增长具有多方面的重要意义。进入 20 世纪 90 年代以来，市场广阔、发展潜力巨大的中国成为 FDI 的热点，外资流入量持续攀升。研究中国 FDI 流入的主要推动因素是什么，FDI 流入对于主要国民经济指标起到什么作用，有助于发挥外商直接投资在我国国民经济发展中的积极作用。

技术进步和结构变迁的测度是经济增长和发展研究的一个富有挑战性的课题。由于超出了新古典经济学的竞争性分析框架，技术进步的测度一直是一个有待探索的领域。但是，毫无疑问，在长期经济增长中，技术水平的提高和结构变迁是最为核心的因素。在高速增长事实下，人们对于中国经济增长的关注自然是其增长的可持续性。增长过程中的技术进步和结构变迁的考察，就成了评价中国经济增长模式和未来发展趋势的关键问题。由于在新古典经济框架下分析存在困难，不同于对全要素生产率的测度，本书没有在严格的新古典经济分析框架下分析技术进步和结构变迁，而是基于世界各国出口部门的数据，构建了一系列的指标，来直接测度技术进步和结构变迁。本书利用这些测度指标，通过国际比较的方式，实际分析了中国出口部门的技术进步和结构变迁的历史轨迹。本书还将经济增长的适宜技术理论应用到技术结构分析之中，为技术结构这一重大课题提供一个全新的分析视角。透过该视角，可以进一步评价技术结构变迁的经济合理性。

开放条件下，发展中国家的政府在发展中选择不同的发展战略往往产生不同的经济增长效果。特别是政府产业政策的有效性是一个具有争议性的问题。本书构建了两个指标测度——经济发展战略的结构特征和技术高度特征，然后，利用除日本外的东亚成功经济体（HPAEs）的 Panel Data，检验了发展战略对经济增长绩效的影响。检验结果支持了政府干预促进经济增长的观点。

1.3　研究方法

在研究方法上，本书主要有以下特点。

1.3.1　基于经济理论框架的经济计量分析

通过建立经济计量模型，实证分析变量之间的因果效应是本书研究的基本方法。统计工具的价值在于把复杂的、隐藏在数字下面的规律明确地表达出来。作为一种复杂的统计工具，经济计量模型使得非控制实验数据也可以进行因果分析。所以，经济计量模型是经济实证分析的一种高级助手。

但是，由于前文提到的经济现象的复杂性，经济计量分析中往往太容易掉入陷阱，严重影响其结论的可靠性。为了尽量避免马歇尔所讲的"鲁莽而无耻"的错误，我们的做法是，将经济计量分析建立在一定的经济理论框架内，在实证分析之前，首先锤炼待检验的假说，或精炼待检验假说的含义。

1.3.2 通过指标构建发掘经济规律

适当的经济指标能够综合经济现象中有关信息，将经济运行状态明确地展现出来，认识复杂经济现象隐藏的规律。所以，对相关问题的研究构建适当指标，是本书对实际考察经济的第二个基本方法。另外，高质量的指标也是经济计量模型的成功的保证。本书构建了技术水平指数、技术结构高度指数、适宜性指数、赶超指数等各种指标，形成了本书大部分分析的基础。

1.3.3 横向和纵向的比较分析

当经济变量本身难以获得一个评价标准时，与其他相近或相似的变量进行比较往往为问题的分析提供一个参照。通过比较中国与世界相关国家的技术进步和技术结构变迁指标，以及中国自身发展的历史趋势，本书得出了中国技术进步和结构变迁的相关结论。所以，比较分析是本书的第三个基本方法。

1.4　研究难点

实证研究者也许都会同意，如果拥有充分的数据，所有的命题都可以得到可靠的验证。但是，实证研究的本质就是在数据限制下进行工作。数据指标的突破往往就是实证研究的突破，甚至带来经济理论的突破。反过来，新课题的研究往往需要新的指标。本书许多课题的研究所遇到的第一个难点，就是针对研究的问题构建有效的指标。

除了数据之外，实证分析可靠性的另一个保证是对待检验假说的锤炼，或者说，精炼待检验假说的真实含义。只有如此，才能降低经济计量模型的负担，将研究集中到某个具体问题上，提高模型结论的可靠性。另外，能够构建有效的指标也取决于对待检验假说的理解。但是，假说的真实含义并不是显然的。在实证分析中，这往往是最能考验研究者基本理论素养的一部分。这形成了本书相关课题研究的第二个难点。

1.5　主要创新及不足之处

1.5.1　在已有文献基础上，改进了基于出口部门的技术进步和技术结构的测度方法

从"索罗余项"开始，人们对于全要素生产率的测度费尽周折，既体现了新古典经济学在分析技术进步方面的困难，也体现了技术方面实际数据收集的困难。但是，技术进步的测度是许多研究中难以绕过的问题。例如，关于东亚奇迹的几乎大部分争论，都根源于技术进步和全要素生产率测度的困难。本书在已有文献的基础上，改进了基于出口部门的技术进步的测度方法，并设计了用于测度技术结构分布的一系列指标。

该测度依据的基本假设是，高收入国家出口高技术含量的产品，低收入国家出口低技术含量的产品。所以，这种测度一定程度上摆脱了新古典均衡分析框架下技术进步测度的困难。本书的测度方法，仅仅依赖于世界各国的出口数据和各国收入水平，具有完全的可操作性。但是该测度的不足之处是缺乏坚实的理论基础。

1.5.2　提出了测度经济技术结构适宜性指标

适宜技术是经济增长理论最新发展提出的概念，认为经济中采用技术的不适宜会损害经济效率。比较优势发展战略认为经济的技术结构要与其资源禀赋结构相适应，经济才能得到最快的发展。但是，如何测度经济体所采用的技术是否适宜，一直没有一个适当的

指标。本书基于经济增长的适宜技术理论和比较优势发展战略，提出了一个测度经济技术结构适宜性的指标。利用该指标可以在比较优势发展战略的基点上，判断经济体技术结构过高还是过低。

该指标的实际计算缺少严格的标准，使得计算结果具有一定程度的随意性。这是其不足之处。

1.5.3 利用适宜性指数和赶超指数，以除日本外的东亚成功经济体（HPAEs）为样本，直接检验了政府在东亚发展中的作用

政府与市场的关系是经济学中永恒的话题。亚当·斯密断言："任何这样的管制都不可能使工业总量或收入总额有所增加（相对于没有管制的自由经济）"（亚当·斯密，1997）。而李斯特则认为在国际竞争条件下，落后国家通过产业保护可以扩大其生产可能性边界，国民经济福利将大大提高。东亚经济奇迹及其大量存在的政府干预和产业政策，为检验是否可能存在有效的产业政策提供了一个理想的"自然试验"。但是，由于没有一个测度产业政策或政府干预强度的整体性指数，所以一直难以有效判断产业政策和政府干预对经济的整体效果。由于对于发展中国家来说，政府干预和产业政策或发展战略的不同，主要在于改变经济的技术结构，以更快实现向发达国家更快的追赶，所以，本书以经济的技术适宜性和技术赶超指数测度政府干预和产业政策的实施强度，从而为检验政府在经济发展中的作用铺平了道路。

1.5.4 通过实证分析澄清了中国经济高速增长过程中其他的几个问题

（1）根据国际经验总结了外贸依存度发展的阶段性规律——随

经济发展水平的提高，外贸依存度的变化呈倒 U 形曲线。

（2）在内生增长理论的框架下，分析了中国省际平衡增长路径的发散是中国地区经济发展不平衡的主要原因。

（3）从 FDI 国际流动的层次上，分析了我国的外商直接投资流入的原因、特点及存在的问题。

1.6　全书结构

全书共分 9 章。第 1 章是导论，对本书的选题，主要内容，研究方法，研究难点，主要创新以及全书结构等作简要的说明。

第 2 章是现代经济增长理论及实证研究述评，以作为后续研究的基本理论准备。

第 3 章分析中国省际的经济增长。在增广索洛模型的基础上，结合内生增长理论和新制度经济学，分析了中国的经济增长机制；然后利用 Panel Data 建模方法，在允许各省份经济异质的情况下，对中国经济增长进行了经验分析，得出了更高的条件收敛速度和合理的产出份额；为我国各地区的均衡发展提出了建议。

第 4 章和第 5 章是中国经济增长的外部联系方面。第 4 章是对外贸易规模的分析。将外贸依存度与经济发展阶段联系起来，指出随着经济发展阶段转换，对外贸易依存度呈倒 U 形曲线，进而得出中国的外贸依存度并不高的结论。第 5 章是中国 FDI 流入的决定因素及因果分析。该章从 FDI 国际流动的层次上，将我国看作一个整体，区分 FDI 的不同来源国，利用 1985～2002 年各主要资本输出国对我国直接投资的 Panel Data，结合计量经济模型与 Granger 因果关系检验，分析指出我国的外商直接投资流入的原因、特点及存在的问题。

第 6 章分析了中国出口贸易的技术结构及其变迁。该章构建了测度产品技术含量的一个指标，进而提出一套分析经济体出口贸易的技术结构的新方法；通过国际比较，从多个方面分析了 1980～2003 年中国出口贸易的技术结构，并指出改革开放以来，中国出口贸易的整体水平得到了很大提高，但仅表现出微弱地向世界水平收敛的趋势；中国出口贸易的技术结构高度没有显著提高，但在不同时期表现出不同的趋势；中国出口贸易的技术结构分布发生了与众不同的重大变化；如果把整个出口贸易分为高技术部门和低技术部门，则在整个分析区间，高技术部门的技术结构逐渐降低，低技术部门的技术结构逐渐升高。

第 7 章是对中国经济的技术结构过高还是过低的判断分析。该章将经济增长的适宜技术理论应用到经济的技术结构分析，为技术结构这一重大课题提供一个全新的分析视角。首先，基于经济增长的适宜技术理论，提出适宜技术结构的概念；其次，基于出口部门，构建了技术结构适宜性的两个测度指标，即技术结构适宜指数和偏离指数；再次，利用该指标实际考察了改革开放以来中国经济技术结构的变化，并得出以下发现：中国经济的技术结构大约在 1996 年发生了意义深刻的转折——在 1996 年以前，中国经济的技术结构高于适宜技术结构，而在 1996 年之后，已经低于适宜技术结构。

第 8 章对政府在经济发展中的作用进行经验分析。该章构建了两个指标测度经济发展战略的结构特征和技术高度特征，然后，利用东亚成功经济体（HPAEs）（除日本）的 Panel Data，检验了发展战略对经济增长绩效的影响。检验结果支持了政府干预促进经济增长的观点。

第 9 章研究了我国经济增长动力模式转型问题。我国经历改革开放 30 多年的高速增长后，经济发展面临的内外部环境发生了深刻变化。该章对我国经济增长传统模式的可持续性以及新动力模式的形成进行了分析，在涵盖经济结构转型等动力特征，包括人口、资本积累和产业结构演变等的基础上，建立经济增长的计量模型，分析预测"十三五"期间我国潜在经济增长率，以及经济改革对于经济增长的贡献。

第 2 章　现代经济增长理论及实证研究述评

自罗默（1986）的著作以来，经济增长问题的研究步入了它的第二个繁荣阶段。今天，增长理论的研究仍然十分活跃，不断取得突破，已成为宏观经济学研究的中心之一。当代经济增长理论研究的一个突出特点是理论研究与实证研究的相互结合。理论研究的突破，为实证研究提供了新的理论分析框架，而实证研究在技术方法上的不断发展和改进，又为验证及发现新的增长理论提供了更加有力的工具。这两者相互结合的结果是，一方面促使增长理论研究不断的快速发展；另一方面，在新的理论分析框架下，利用更新的实证技术方法建立了能更好地解释现实的实证模型，直接指导了人们的经济实践，为相关政策的制定提供了科学的依据。本书结合经济增长的理论研究和实证研究，分析说明该领域国际上的最新发展和趋势，以及国内的研究现状，为我国对相关问题的进一步研究提供借鉴，将有助于促进我国对经济增长问题研究的系统化和深入化。

2.1　经济增长理论的发展

自从古典经济学家亚当·斯密（1997）开始，经济增长理论的研究就一直受到关注，而拉姆齐（1928）的经典论文则是现代经济增长理论的起点。在此基础上，现代经济增长理论在 1956 年索洛—斯旺模型的提出之后经历了它的第一次繁荣，人们把这一时期的增

长理论称为新古典经济增长理论。新古典经济增长理论不仅对经济
增长给出了一定的解释，更为以后的研究提供了一个基点。但是，
至 20 世纪 70 年代早期，由于缺乏经验联系的缘故，经济增长这一
研究领域已变得死气沉沉了。80 年代中期以罗默（1986）和卢卡斯
（1988）的著作为开端，有关经济增长的研究又经历了第二次繁荣，
使经济增长理论得到革命性的发展，相关成果被称为新经济增长理
论。新增长理论注重研究经济增长的内生性，特别是在对技术进步
和扩散等进一步分析的基础上，完善了新古典经济增长理论对经济
增长的解释，为人们认识和促进经济增长提供了新的观念。

2.1.1　新古典经济增长理论

新古典经济增长理论，特别是索洛—斯旺模型为经济增长理论
的研究提供了一个基点，其后的研究包括现在非常活跃的新增长理
论，都以它作为分析问题的起点。该理论提出的收敛性的概念，也
一直是新增长理论的研究重点之一。所以，要说明经济增长理论的
新发展，必须先对索洛—斯旺模型有一个了解。

索洛—斯旺模型的关键特征是其新古典形式的生产函数。它假
设规模报酬不变，各种投入报酬递减，以及投入之间存在正的且平
滑的替代弹性。该模型的突出贡献，一是提出了经济稳态这一关键
概念，指出储蓄率对经济的稳态增长率没有影响，各经济体的平衡
增长路径是平行的，二是以稳态增长的概念为基础，预测了经济增
长的收敛性。在新古典的生产函数的假设下，索洛—斯旺模型首先
预测了绝对收敛性，即相对于富裕经济，贫穷经济倾向于有更高的
增长速度。在其随后的发展中，该模型又给出了所谓条件收敛的预
测，即各经济体真实人均 GDP 的起始水平相对于各自的长期或稳态
水平越低，增长率越快。收敛之所以是有条件的，是因为在索洛—
斯旺模型中，人均资本和人均产出的稳态水平依赖于储蓄率、人口

增长率以及生产函数的位置，而经济将收敛于各自不同的稳态。在近些年来的实证分析中，经济的条件收敛性已被越来越多地用作一个经验假说。实证分析表明，索洛—斯旺模型所指出的资本积累率（包括实物资本和人力资本）和条件收敛机制，对各国和地区之间的经济增长确实有着相当大的解释能力。可以说，索洛—斯旺模型为人们洞察经济增长提供了一个基本的理论分析工具。但是，该模型的一个明显的缺陷是，长期人均增长率完全被模型外的因素——技术进步和人口增长率——所决定。

2.1.2   新经济增长理论

在新古典经济增长理论之后，如何将长期人均增长率内生化便成为经济增长理论研究的下一个课题。罗默（1986）和卢卡斯（1988）在这方面首先取得了突破。他们在阿罗（1962）、谢辛斯基（1967）和宇泽（1965）研究的基础上，进一步描述了干中学的模型。在干中学模型中，观念是生产或投资的副产品，使得投资的边际报酬不一定递减，从而经济可能长期增长。将长期经济增长真正内生化的是技术变迁模型。在这类模型中，技术进步是有目的的R&D 活动的结果，而且这种活动以获得某种事后垄断力量为激励。这样，如果经济中不存在新观念、新发明耗竭的趋势，增长率在长期中就可得以保持。由于 R&D 活动的一些外部性、知识技术的非竞争性和非排他性，如何促进 R&D 活动，促进技术进步，从而提高长期增长率便依赖于政府的行动，如税收、法律的维护和基础设施的提供等。这使得经济增长理论与发展经济理论融合在了一起，这种融合正是经济增长理论发展的一个趋势。

与新古典经济增长理论分析相一致，实证分析也告诉人们条件收敛是一个事实，于是新增长理论又提出了预测条件收敛的技术扩散模型。该模型的主要思想是，因为对发明的模仿和使用比创新来得便宜，相比经济发达的领先国，经济落后的跟随国会具有更高的技术进步率。也就是说，技术扩散模型将新古典增长模型的条件收敛的经验含义进行了引申，在此基础上预测了条件收敛。技术扩散模型还指出跟随国的人力资本积累将促进技术扩散速度，从而加快经济的收敛速度。这为发展中国家增加人力资本投入，加快经济增长提供了理论分析。

新古典经济增长模型中的另一个关键外生变量是人口增长率。更高的人口增长率降低了每个工人的资本和产出的稳态水平，因而趋于减少对于某给定的人均产出的初始水平而言的人均增长率。所以通过人口增长率内生化，也可以实现长期增长率的内生化。劳动/闲暇选择模型和迁移模型解决了这个问题。

总之，在解释了技术进步和人口增长的决定后，新经济增长理论或内生增长理论，使我们能够对经济增长给出更加合理的解释，特别是解释了长期的经济增长的决定。

2.1.3   新古典经济增长理论与新增长理论的关系

内生增长模型解释了长期增长的决定因素——技术进步和人口增长率，但不应将它看作新古典经济增长理论的替代物，而应视其为新古典经济增长理论的补充。内生增长模型明确了索洛模型中的技术进步的可能原因，但是并未说明影响经济增长的其他重要因素。这方面的工作仍然是新古典增长模型的任务。技术进步和人口增长对于长期经济增长是关键的，索洛模型则指出投资、人力资本积累、储蓄等对于生活水平也具有重要影响。只有结合这两个理论，人们才能对经济增长的两个中心问题——生活水平随时间的增长和世界各地生活水平的差异——有一个较全面的解释。

2.2　经济增长的实证研究

实证研究是经济学家在研究经济问题时经常用到的研究方式。通过日益完善的统计方法，经济学家可以从现实世界的经济数据中获得更多有用的信息，一方面可以检验和发展经济理论，另一方面可以直接为经济实践服务。在经济增长领域的研究中，实证研究的作用尤为明显。经济增长的第二次繁荣，很大程度上就得益于理论研究与实证研究之间的相互促进。同时，各国政府在改善经济增长、促进经济发展的过程中，也从经济增长的实证模型中受益匪浅。所以，近些年来，经济增长的实证研究已经成为经济增长领域中的一个发展最快、成果最多的一部分。可以把经济增长的实证研究分成两个方面，一是经济增长的收敛性分析，二是经济增长因素分析。前者是一种长期分析，而后者是短期分析。

2.2.1　经济增长的收敛性分析

由上述可知，收敛性是经济增长理论关注的一个关键概念。在整个理论分析中，收敛性分析占中心地位。同时，经济是否具有收敛性也是人们极为感兴趣的问题。所以，国际上，对经济增长收敛性的分析集中了整个实证分析的大部分成果。

（1）绝对收敛分析

人们对收敛性的分析是从分析绝对收敛性开始的。根据绝对收敛的定义，人们自然地把回归方程设定为如下形式：

$$g_y = a + by_0$$

其中，g_y 为某一时期内真实人均 GDP 增长率，y_0 为期初真实人均 GDP 水平的对数（下同）。如果收敛性存在，b 将是负的：初始收入高的国家有低增长，反之，初始收入低的国家有高增长。若 b 的值为 -1，则对应于完美的收敛性：一国初始收入高出他国多少，平均而言，该国随后的增长就会相应低出多少；反之亦然。因此，期末的人均产量水平与初始值无关。如果 b 的值为零，则表明增长与初始收入无关，因而不存在收敛性。鲍莫尔（1986）利用这一方法对 16 个工业化国家，从 1870 年到 1979 年的收敛性问题进行了考察，得出了几乎完美的收敛性。但是有许多学者，如德朗（1988），认为他的分析存在一些严重的问题，如样本选择、测量误差等。德朗改进了样本选择和测量误差后，得出了收敛性不显著存在的结论。

（2）经济稳态分析

在绝对收敛被拒绝后，人们转向讨论条件收敛。根据定义，条件收敛是指经济向自己的稳态或平衡增长路径收敛，也就是说，在控制了稳态之后，初始收入低的国家或地区，相比高收入国家或地区，有更快的增长速度。所以，从理论上，经济增长的稳态分析是分析条件收敛性的必要步骤。另外，经济增长的稳态分析，也直接从长期的角度解释了经济增长。

Mankiw，Romer 和 Weil（1992）的研究是这方面的经典之一。他们直接根据索洛模型给出稳态水平为：

$$\ln y^* \approx a + \frac{\alpha}{1-\alpha}\ln s - \frac{\alpha}{1-\alpha}\ln(n+g+\delta)$$

其中，y^* 为经济的稳态水平，s 为储蓄率，n、g、δ 分别为外生的人口增长率、技术进步率和资本折旧率，α 为资本的收入份额。他们利用跨国数据对方程 $\ln y_i = a + b[\ln s_i - \ln(n_i + g + \delta)] + \varepsilon_i$ 进行估计（下标 i 代表不同的国家），将 $g+\delta$ 设定为 0.05，估计的结果是：

$$\ln y_i = 6.87 + 1.48 \left[\ln s_i - \ln (n_i + 0.05) \right] + \varepsilon_i$$

从中计算得到的资本的收入份额过大，达到了 0.60，这意味着资本在经济增长中的作用，远远超出了人们对资本的一般理解。近年来人力资本的作用逐渐被人们重视，在模型中引入了人力资本即增广的索洛模型，很好地解决了这个问题。在增广的索洛模型中，稳态水平由下式决定：

$$\ln y^* \approx \frac{\alpha}{1-\alpha-\beta} \ln s_k + \frac{\beta}{1-\alpha-\beta} \ln s_h - \frac{\alpha+\beta}{1-\alpha-\beta} \ln (n+g+\delta)$$

Mankiw，Romer 和 Weil（1992）利用同样的数据，对下面方程进行了估计：

$$\ln y_i = a + b \left[\ln s_{Ki} - \ln (n_i + 0.05) \right] + c \left[\ln s_{Hi} - \ln (n_i + 0.05) \right] + \varepsilon_i$$

其中，s_{Ki} 和 s_{Hi} 分别为实物资本积累率和人力资本积累率（下同）。估计结果为：

$$\ln y_i = 7.86 + 0.73 \left[\ln s_{Ki} - \ln (n_i + 0.05) \right] + 0.67 \left[\ln s_{Hi} - \ln (n_i + 0.05) \right] + \varepsilon_i$$

由该模型结果计算得出的实物资本和人力资本的收入份额分别为 0.31 和 0.28，都是合理的，而且回归的拟合优度达到 0.78，即这一回归解释了各国家间人均产量差异的近 80%。实际上，这就直接验证了索洛模型。

（3）条件收敛分析

在确定了稳态之后，人们便可讨论条件收敛问题了。检验经济是否具有条件收敛性的最简单的方式就是，在方程 $g_y = a + b y_0$ 中加入控制稳态的变量。由稳态分析可知，控制稳态的变量为储蓄率（s_K），在人力资本上的积累率（s_H）以及人口增长率、技术进步率和资本折旧率即（$n+g+\delta$）。于是，为检验条件收敛性，Robert Barro（1991）直接将方程设定为：

$$g_{yi} = a + b_1 \ln y_{0i} + b_2 \ln s_{Ki} + b_3 \ln s_{Hi} + b_4 \ln(n_i + g + \delta)$$

他以114个国家1960～1985年的数据为样本进行回归，结果显示1960年人均GDP的初始水平的系数估计值为 -1.01%，验证了索洛模型关于条件收敛的预测。因此，我们可以得出结论：拒绝绝对收敛是由于模型中忽略了控制稳态的变量。但是稍高于1%的收敛速度，则说明经济将需要半个世纪的时间才能达到其稳态水平。Barro还尝试了在方程中加入其他的变量来控制稳态，得到了与此类似的结论：收敛速度为1.24%和1.28%。

Mankiw，Romer和Weil（1992）在验证了索洛模型之后，也转而讨论条件收敛。他们设定的方程是：

$$\ln y_t - \ln y_0 \approx (1 - e^{-\lambda t}) \frac{\alpha}{1 - \alpha - \beta} [\ln s_K - \ln(n + g)] +$$

$$(1 - e^{-\lambda t}) \frac{\beta}{1 - \alpha - \beta} [\ln s_H - \ln(n + g)] - (1 - e^{-\lambda t}) \ln y_0$$

将 g 设定为0.05，回归结果是：

$$\ln y_{it} - \ln y_{i0} = 2.46 + 0.5 [\ln s_{Ki} - \ln(n_i + g)] +$$

$$0.238 [\ln s_{Hi} - \ln(n_i + g)] - 0.299 \ln y_{i0}$$

由该结果计算收敛速度 λ 为1.42%。

（4）实证研究的突破

新经济增长理论的发展，要求实证研究突破索洛—斯旺模型的新古典经济增长的分析框架。首先，新增长理论要求放弃技术进步率外生不变的假定。不同的国家或地区，可能具有不同的技术进步率，从而经济的平衡增长路径可能不再是平行的。在这种情况下，经济增长除了受到索洛模型所预测的收敛机制的影响外，还会受到平衡增长路径变化的影响。例如干中学模型和技术扩散模型所指出的机制，也将对增长产生重要影响。其次，上述的实证研究还隐含了这样一个假定：所有国家的总生产函数是完全相同的，这就意味着所有国家或地区的经济都在相同的效率水平上运行。在实证研究中，这显然是不合理的。最近的研究认为，不同的社会组织基础（social infrastructure），包括法律制度、经济体制、文化传统等对经济运行效率具有重要影响。也就是说，上述的回归仅仅解释了储蓄率、人口增长率及折旧率的不同对稳态即平衡增长路径的影响，认为不同国家或地区间的平衡增长路径是平行的，并以此为基础解释经济的收敛性。综合这两点，Nazrul Islam 指出，这种做法的结果是，一方面不能合理地解释经济增长中各因素（如资本和技术等）的作用，另一方面，将严重地低估条件收敛的速度。

虽然这种假定是不符合实际的，但从计量经济学的角度说，不同国家或地区的社会组织基础的不同，即这种"个体效应"的不同却是不可测量的，所以，在横截面数据的单一回归方程形式的限制下，人们只能在这种假定下进行分析。

1995 年，Nazrul Islam 首次将计量经济学的 Panel Data 方法应用于收敛性的分析，从根本上找到了解决这一问题的方法。Panel Data 又称为纵向数据或追踪数据，它由横截面数据和时间序列数据结合而成。针对这种数据，计量经济学发展了专门的建模方法，称为 Panel Data 方法。该方法允许经济体的不可观测的"个体效应"的不同，允许总生产函数的不同，从而为长期经济增长的研究，特别是为实证检验条件收敛性，提供了有力的计量经济学工具。从经济增长的观点来说，Panel Data 模型能够使我们将"资本深化"对经济增长的影响与经济体之间由于技术水平和社会结构的差异对经济增长的影响分离开。这样，通过实证研究的技术方法的改进，不仅克服了 Barro（1991）以及 Mankiw，Romer 和 Weil（1992）的研究中存在的问题，而且使得对经济增长问题的分析可以在新增长理论的框架下进行。于是，Nazrul Islam（1995）在新经济增长理论的框架下，将回归方程设定为：

$$\ln y(t_2) = (1 - e^{-\lambda t})\frac{\alpha}{1-\alpha}\ln s - (1 - e^{-\lambda t})\frac{\alpha}{1-\alpha}\ln(n + g + \delta) + e^{-\lambda t}\ln y(t_1) +$$

$$(1 - e^{-\lambda t})\ln A(0) + g(t_2 - e^{-\lambda t}t_1)$$

利用与 Mankiw，Romer 和 Weil（1992）相同的数据，但利用 Panel Data 模型的估计方法：MD 和 LSDV，Nazrul Islam 得出的条件收敛速度分别为 4.34% 和 4.67%——都远远高于在横截面方法下的结果，从而更加合理地解释了经济增长。另外，估计的资本收入份额等也更加符合实际。这不仅支持了经济增长理论，而且显示了 Panel Data 方法是研究经济增长问题的更加有力的工具。

2.2.2　经济增长因素分析

这是经济增长实证研究的一个传统领域。近年来，人们也在不断地将这方面的研究推向深入。通过经济增长因素分析，我们可以看到在一国家或地区的增长中，是哪些因素在起作用，起了多大的作用，这些结果对于我们制定经济政策是非常有意义的。

在索洛模型中，每个工人平均产量的长期增长仅仅取决于技术进步，但是短期增长可能取决于技术进步，或取决于资本积累。因此，索洛模型表明，确定短期增长的来源是一个经验问题。由阿布拉莫维茨（1956）和索罗（1957）首开先河的增长因素分析，为解决这一问题提供了一条途径。历史上，这方面最著名的成果就是所谓的索洛增长方程：

$$g_Y = r + \alpha g_K + (1 - \alpha)g_L$$

它把真实产出的增长率 g_Y 分解为三部分：技术进步 r，资本收入份额 α 与资本增长率 g_K 的乘积以及劳动收入份额（$1 - \alpha$）与劳动增长率 g_L 的乘积。将上面的方程写成回归方程的形式为：

$$g_Y = a + b_1 g_K + b_2 g_L + \varepsilon$$

对于这个回归方程，利用数据很容易得到 a、b_1、b_2 的估计值。其中，a 就是对全要素生产率（TFP）的估计。在这里，所谓全要素生产率就是经济增长中不能由要素投入如资本投入和劳动投入解释的部分。在做这种回归分析时，我们既可以按照一个国家或地区的时间序列进行分析，也可以像 Mankiw，Romer 和 Weil（1992）那样利用大量国家的数据进行横截面分析。

许多学者试图探索经济增长的其他原因，于是，在方程的右边加入了其他可能的解释变量，比如说 Z_i（$i=1$，2，…，n），则方程变为：

$$g_Y = a + b_1 g_K + b_2 g_L + b_3 Z_1 + \cdots + b_{n+2} Z_n$$

这时，常数项 a 就反映了"被我们忽略了的因素"对增长的影响。g_K、g_L、Z_i（$i=1$，2，…，n）对 g_Y 的解释越好，a 就应该越小且越不显著。因此，如果 Z_i 是统计显著的，把它加入回归方程将减少常数项的大小和显著程度。例如，在上面的方程中可以加入代表技术进步的变量，它们的系数的显著性将显示它们是否有助于解释全要素生产率（TFP）。人们尝试了许多变量，Xavier Sala-I-Martin（1997）在这方面作了大量的尝试，共发现了 62 个不同的变量可以用来解释经济增长，其中包括量化 R&D 活动的变量，反映教育程度的变量，反映税收等各种政策变化的变量，以及反映金融体系、国际贸易、国际投资和地理位置等的一些变量。

这方面有代表性的成果还有 John C. Dougherty（1991）对西方七国经济增长和 Aylwin Young（1995）对"东亚四小龙"的分析。前者的研究发现，技术进步对西方七国的增长起到了重要的作用，而后者对"东亚四小龙"的研究发现，在过去 30 多年里，中国香港、新加坡、韩国和中国台湾异常迅速的增长，几乎可全部归因于投资的增加、劳动力参与率的提高和劳动力素质的改善，而不是由于技术进步或影响索洛剩余的其他因素引起的。由这些分析我们可以明确地看出，经济增长因素分析属于经济增长的短期分析，我们在研究问题时，必须结合所研究的具体对象和具体时期进行分析，从而得到在这些具体环境下的结论。

最近，Hall 和 Jone（1999）在传统的经济增长因素分析的基础上，研究了影响增长的深层次的原因。他们利用世界上大多数国家 1998 年的数据进行分析，结果表明要素投入——例如实物资本投入、人力资本投入和劳动投入——仅仅解释了各国人均收入差别的一小部分，更大的部分是由索洛剩余解释的。进一步的分析表明，影响实物资本、人力资本积累和生产率的因素是所谓的社会组织基础，包括各项政策、法律制度以及经济组织形式等。这也体现了经济增长理论与发展经济学的融合。

2.3　中国经济增长的研究现状及发展方向

我国对经济增长理论的研究大多是在新古典的框架内进行的，但是现在也逐渐超越索洛模型，越来越关注新（内生）经济增长理论，并且注意结合我国经济的实际运行情况。

实际上，我国经济增长的研究，主要集中在实证研究方面。人们对我国经济增长从各个角度进行了大量的研究，研究文献可以说是极为丰富的。例如近期代表性的有：刘强（2001）实证分析了中国经济增长的绝对收敛性；武剑（2002）运用方差分析模型分析了外国直接投资的区域分布及其经济增长效应；魏后凯（2002）利用时间序列和横截面数据，在横截面模型方法下，分析了外商直接投资对中国区域经济增长的影响，并得出了与前文相反的结论；沈坤荣、马俊（2002）利用横截面数据方法分析了俱乐部收敛效应；

Sylvie Démurger 等（2002）分析了地理位置与优惠政策对中国地区经济发展的贡献，以及影响省际收入差距的原因；雷钦礼（2002）利用时间序列分析了我国经济增长的均衡路径等。

但是，与国际上该领域的研究相比，国内研究还存在一定的差距。一方面体现在对经济增长分析的系统性不足。经济增长是许多因素相互影响的结果，通过系统分析才有可能把握经济增长的内在机制，否则，可能得出错误的结论。另一方面，在传统的经济增长因素分析方面，分析的深度则显不够。

2.3.1　对经济增长收敛性的分析不足

在现代经济增长理论研究中，经济增长的收敛性分析占有中心地位。收敛性分析不仅仅是分析经济是否收敛，从上面的论述中，我们可以看到收敛性分析是以对经济的系统分析为基础的。围绕收敛性分析，人们实际上建立了对整个经济增长的分析体系，除了收敛性之外，还同时分析了可能对经济增长起作用的各种主要因素。这使对经济增长的分析得以系统化，更重要的是使得人们能够从整体上把握经济增长的内在机制。另外，加强经济增长的收敛性分析，也是我国保持长期可持续增长及各地区均衡发展的迫切需要。

国内这方面研究的不足主要表现在以下两个方面。① 在经济理论指导方面，要么注重了绝对收敛的分析而忽视了条件收敛的分析，要么局限在索洛模型框架内而忽视了技术变迁以及社会组织基础等新增长理论强调的因素。② 在实证方法方面，多局限在横截面分析方法上，也有部分利用时间序列方法进行分析的实证研究。但是，根据我们在第二部分的讨论可知，单纯利用横截面方法或时间序列方法，都存在对经济过于严格以致严重偏离实际的假定。我们认为经济理论都是建立在一定的假定基础上的，但是在实证研究中，假定的合理性则直接关系到实证结果的真伪！所以，我们应该在新经济增长理论的指导下，利用 Panel Data 分析方法，加强对我国经济收敛性的分析，并使对经济增长的分析系统化，从整体上把握经济增长机制。

2.3.2　对经济增长因素分析缺乏深度

国内经济增长的实证研究主要集中在了经济增长的因素分析这一领域，也取得了许多成果，但是这种因素分析往往缺乏深度。人们分析了许多影响增长的因素，例如储蓄率、劳动投入、教育甚至对外依存度等，但是，这些因素的背后机制是什么呢？在这方面缺乏深入研究。借鉴国际上重视社会组织基础在经济增长中的作用的研究思路，我们应该重视不同的政策、法律制度以及各种微观经济制度如企业产权制度等对经济增长的影响，加强研究影响经济增长的深层次原因。

第3章　中国省际经济增长的经验分析

3.1　引言

改革开放以来，中国经济实现了整体上的快速增长。同时，各地区之间的经济发展的差距也引起了人们的广泛关注。各地区之间的平衡发展，不仅有利于各地区的优势互补，关系到我国经济的长期可持续发展，而且对于巩固我国改革开放的成果具有重要意义。如何解释经济随时间的增长以及各地区间经济发展水平的差距一直是经济增长理论研究的两个中心问题。本章将在分析各种经济增长理论的基础上，通过建立 Panel Data 模型的方法，对中国的经济增长以及省际经济发展的差异进行经验分析，解释中国的经济增长以及各地区经济发展水平的差异。

3.2　模型构建

经济增长是一个复杂系统内部各种因素相互作用的结果，所以，经济增长的研究必须从系统的角度进行，才能得到有效的结论。

3.2.1　新古典增长模型

增广的索洛模型来自下面的总生产函数：

$$Y(t) = K(t)^{\alpha} H(t)^{\beta} [A(t)L(t)]^{1-\alpha-\beta} \qquad (1)$$

其中，Y 表示产出，K 表示实物资本，H 为人力资本，L 表示劳动，A 是技术水平。α、β 分别为实物资本和人力资本的收入份额。假定劳动和技术水平以 n 和 g 的外生速率增长：

$$L(t) = L(0)e^{nt}$$

$$A(t) = A(0)e^{gt}$$

于是，有效劳动以 $n+g$ 的速率增长。令 s_k 为收入中投资于实物资本的比例，s_h 为收入中投入人力资本的比例。索洛模型的中心观点便是储蓄率对真实产出的影响。当经济处于稳态时，人均收入便可表示为：

$$\ln[y(t)] = \ln[A(0)] + gt + \frac{\alpha+\beta}{1-\alpha-\beta}\ln(n+g+\delta) +$$

$$\frac{\alpha}{1-\alpha-\beta}\ln(s_k) + \frac{\beta}{1-\alpha-\beta}\ln(s_h)$$

其中，$y(t)$ 为人均收入 $\frac{Y(t)}{L(t)}$，δ 为折旧率。

为便于经验分析，Mankiw，Romer 和 Weil（1992）给出了与之等价的模型的另一种形式：

$$\ln[y(t)] = \ln[A(0)] + gt + \frac{\alpha}{1-\alpha}\ln(s_k) - \frac{\alpha}{1-\alpha}\ln(n+g+\delta) +$$

$$\frac{\beta}{1-\alpha}\ln(h^*) \qquad (2)$$

其中，h^* 表示人力资本水平。MRW 指出 $A(0)$ 项不仅反映技术，而且代表了禀赋资源、气候、制度等因素，因此它将随着国家（经济体）的不同而不同，于是，他们将 $A(0)$ 设定为满足下列关系：

$$\ln A(0) = a + \varepsilon$$

其中，a 为常数，ε 代表不同国家间的特定影响因素。

模型（1）只是描述了经济的稳态，即经济均衡态，但是现实经济总是不均衡的，是一个由不均衡向均衡转化的动态过程。令 $\hat{y}(t)$ 为单位有效劳动的收入，即

$$\hat{y}(t) = \frac{Y(t)}{A(t)L(t)} \tag{3}$$

令 $\hat{y}^*$ 为单位有效劳动的收入的稳态水平，即平衡增长路径。索洛模型假定，在平衡路径附近，经济增长的收敛方式为：

$$\frac{\mathrm{dln}\hat{y}(t)}{\mathrm{d}t} = \lambda \left[\ln(\hat{y}^*) - \ln\hat{y}(t) \right]$$

其中，λ 为收敛速度。该方程意味着

$$\ln\hat{y}(t) = (1 - e^{-\lambda})\ln\hat{y}^* + e^{-\lambda}\ln\hat{y}(t-1) \tag{4}$$

这实际上就是部分调整模型的标准形式。

在部分调整模型中，因变量的目标值（或最优值）取决于解释变量的当前值。具体地，根据式（2）可知：

$$\ln(\hat{y}^*) = \frac{\alpha}{1-\alpha}\ln(s_k) - \frac{\alpha}{1-\alpha}\ln(n+g+\delta) + \frac{\beta}{1-\alpha}\ln(h^*) \tag{5}$$

即 $\hat{y}^*$ 是由 s_k、n 和 h^* 决定的。代入式（4），得：

$$\ln\hat{y}(t) = (1 - e^{-\lambda})\frac{\alpha}{1-\alpha}\ln(s_k) - (1 - e^{-\lambda})\frac{\alpha}{1-\alpha}\ln(n+g+\delta) +$$

$$(1 - e^{-\lambda})\frac{\beta}{1-\alpha}\ln(h^*) + e^{-\lambda}\ln\hat{y}(t-1) \tag{6}$$

新古典经济增长理论提出了经济稳态这一关键概念，指出投资、人力资本积累、储蓄等决定了经济增长的稳态水平；然而，储蓄率对经济的稳态增长率没有影响，各经济体的平衡增长路径是平行的。以稳态增长的概念为基础，新古典经济增长理论又提出了经济增长向其平衡路径收敛的机制。这样，索洛模型从静态和动态两个方面描述了经济的增长。

3.2.2　新增长理论与新制度经济学

在新古典经济增长理论之后，新增长理论指出提高长期增长率依赖于政府的行动，如税收、法律的维护和基础设施的提供等。同时，新增长理论还提出了预测条件收敛的技术扩散等模型，为经济增长的收敛提供了新的理论解释。

一般说来，新制度经济学认为制度安排支配公众及私人的行为，从而影响资源配置的效率，导致经济绩效的差异。制度是经济增长的第四个因素，不发达国家经济发展缓慢有着其深层次的制度原因。中国作为发展中国家，改革开放以来，经济制度一直处于快速的演变之中。同时，我国正处于工业化初期阶段，在相当长的一段时间内我国的经济增长还将由工业部门的扩张带动。这是我国经济发展的两个明显特征。

所以，对于中国经济增长的经验分析，需要对新古典模型进行扩展，以包括制度变迁以及产业结构演进对经济增长的影响。

于是，本书令：

$$A(t) = A_t(0)e^{gt}$$

$$\ln A_t(0) = \kappa a_t + \rho b_t + \varepsilon$$

其中，a_t 表示制度随时间的变迁，b_t 表示经济结构随时间的演进，ε 代表不同国家或地区（省）间的特定影响因素，如地理位置、气候、政策特区、地区内人们的偏好等。κ、ρ 分别代表制度变迁和结构演进对经济影响的强度。又根据式（3）：

$$\ln \hat{y}(t) = \ln y(t) - \ln A_t(0) - gt = \ln y(t) - (\kappa a_t + \rho b_t + \varepsilon) - gt$$

代入式（2），得：

$$\ln y(t) = (1 - e^{-\lambda})\frac{\alpha}{1-\alpha}[\ln(s_k) - \ln(n+g+\delta)] + (1 - e^{-\lambda})\frac{\beta}{1-\alpha}\ln(h^*)$$

$$+ e^{-\lambda} \ln y(t-1) + (1 - e^{-\lambda}) \kappa a_t + (1 - e^{-\lambda}) \rho b_t + (1 - e^{-\lambda}) \varepsilon$$

$$+ g[t - e^{-\lambda}(t-1)] \tag{7}$$

这便是以索洛模型为基础的包含制度和经济结构因素的经济增长模型，突出体现了新增长理论以及新制度经济学的思想。同时，该模型指出各地区（省）具有各自不同的特定影响因素 ε，体现了各地区（省）间的经济是非同质的这一基本事实。

3.2.3　经济增长的计量经济学模型：动态 Panel Data 模型

由于各地区（省）总生产函数是不相同（即各经济体非同质）的，将经济增长的经验模型设定为单一横截面模型或者时间序列模型是不恰当的。我们将上述模型的计量经济模型设定为如下标准的动态 Panel Data 模型形式：

$$y_{it} = \gamma y_{it-1} + \sum_{j=1}^{4} \beta_j x_{it}^j + \eta_t + \mu_i + \upsilon_{it} \tag{8}$$

其中，$y_{it} = \ln y(t)$

$y_{it-1} = \ln y(t-1)$

$\gamma = e^{-\lambda}$

$\beta_1 = (1 - e^{-\lambda}) \dfrac{\alpha}{1 - \alpha}$

$\beta_2 = (1 - e^{-\lambda}) \dfrac{\beta}{1 - \alpha}$

$\beta_3 = (1 - e^{-\lambda}) \kappa_t$

$\beta_4 = (1 - e^{-\lambda}) \rho$

$x_{it}^1 = \ln(s_k) - \ln(n + g + \delta)$

$x_{it}^2 = \ln(h^*)$

$x_{it}^3 = a_t$

$x_{it}^4 = b_t$

$\mu_i = (1 - e^{-\lambda}) \varepsilon$

$$\eta_t = g[t - e^{-\lambda}(t-1)]$$

ν_{it} 是误差项，随地区的不同以及时期的不同而变化，其均值为 0。

该模型的估计，需要同时采用我国各省份的横截面数据和时间序列数据，利用 Panel Data 模型的估计方法进行（具体见下文）。

这种动态 Panel Data 模型的优势是：① 将经济系统的运行看作一个动态的过程，在非均衡的条件下研究省际经济增长的差异和收敛趋势，使得对各解释变量作用的测量更准确；② 控制了省际影响总生产函数的不可测量因素（即特定影响因素 ε）对经济增长的影响，允许在不同省份的总生产函数不同，使得条件收敛的估计更加有效。

3.3 指标设计与数据资料

本书研究改革开放以来我国经济增长的情况，样本区间选择为 1978 年至 2001 年。以全国各省区市为研究个体，由于海南和重庆建制较晚，分别归于广东省和四川省，由于西藏的统计数据的不可得，所以本书实际上具有 28 个研究个体。也就是说，28 个个体的 24 个年度数据组成了本书的 Panel Data。

令 GDP 为各省份国民生产总值，P 为以 1978 年为基期的各省价格水平，TP 为各省份总人口，近似代替劳动人口，I 为各省份固定资产投资，d 为时间上的差分算子。根据式（8），中国经济增长的 Panel Data 模型，共包括六个经济变量：真实人均收入 $y(t)$、实物投资率 s_k、劳动人口增长率 n、人力资本水平 h^*、制度变迁 a_t 和经济结构演变 b_t。其中，

$$y(t) = \frac{d(GDP/P)}{TP}$$

$$s_k = I/GDP$$

$$n = d(TP)/TP$$

人力资本水平 h^* 用各省份的大专以上的在校生数与总人口的比值近似代替。与 MRW（1992）和 Islam（1995）相一致，设定 $g + \delta =$ 0.05（即 5%）。

中国经济制度的变迁主要表现在产权制度变迁、分配格局变化和对外开放程度三个方面。对这三个方面，我们分别选择不同的指标加以度量。产权制度变迁主要表现为经济成分的非国有化，而经济成分的非国有化改革集中体现在工业领域，因此可以用非国有化率（PROPERTY）表示，其公式：PROPERTY =（非国有工业总产值/全部工业总产值）×100%。用市场化收入分配占 GDP 的比重（FINAFREE），反映经济利益分配市场化份额的大小，其公式为：FINAFREE =［（当年 GDP − 国家财政支出）/当年 GDP］×100%。对外开放指标用进出口总额占 GDP 比重代替，其公式为：IN-EXRATE =［（进出口总额×汇率）/GDP］×100%。上述影响中国经济制度变迁的三个方面，各自分别对中国经济增长产生作用，有学者已作过研究。本书用多元统计方法，对反映制度变迁的三个变量，进行主成分分析，然后综合为一个指标，再用这个主成分指标表示制度变迁 a_t。经济结构演进 b_t 用工业化程度 INDUSRATE 代替，其公式为：INDUSRATE =（各省份工业总产值/全国工业总产值）×100%。

所有原始数据均取自《新中国五十年统计资料汇编》和《中国统计年鉴》1999 ~ 2002 年各期。

3.4　模型估计

3.4.1　估计方法

将个体特定影响 μ_i 设定为固定影响，采用最小二乘虚拟变量估计量（LSDV）进行估计。由于在一个国家内各省份人民行为偏好具有的相似性，各省份具有一个中央政府等原因，各省份经济间是相关的，即存在所谓的横截面相关。不同省份间经济规模差异悬殊，则存在所谓的横截面异方差；由于经济的惯性等，在各省份的时间序列上，存在序列相关，即所谓的时间序列相关性。综合考虑，在模型估计中，采用似不相关（SUR）加权的方法，对估计的残差矩阵进行迭代加权，迭代1077次后收敛。估计软件为 EviewS 4.0。

3.4.2 估计结果

（1）模型（8）的估计结果如下：

$$\ln y(t) = c_i + 0.0325[\ln(s_k) - \ln(n+g+\delta)] + 0.0449\ln(h^*) +$$
$$(9.01e-7) \qquad\qquad\qquad (9.04e-6)$$
$$0.9532\ln y(t-1) + 0.0069a_t + 0.0023b_t$$
$$(5.89e-6) \qquad (6.99e-7)(8.86e-7) \qquad\qquad (9)$$
$$\overline{R}^2 = 0.9930 \qquad DW = 1.7563 \qquad SSR = 2.020$$

上面估计结果以及假设检验表明，模型引入的变量都是显著的，模型不存在序列相关，总体拟合程度很好；利用单边 t - 检验可知，在1%的显著性水平下，前期收入的系数显著小于1，说明经济具有条件收敛的趋势。

根据模型，可计算条件收敛速度 λ，实物资本的收入份额 α，人力资本的收入份额 β，劳动的收入份额 γ，以及制度变迁和结构演进对经济影响的强度 κ 和 ρ，结果见表 3 - 1。

表 3 - 1 经验分析结果

参数	λ	α	β	γ	κ	ρ
计算值	4.47%	0.41	0.56	0.03	0.147	0.049

通过个体效应的显著性检验，对模型个体效应的显著性进行检

验，$F(22,602) = 1.675986 > F_{0.05}(22,602) = 1.57$，说明在 0.05 的显著性水平下，各地区的经济增长是显著异质的，即各省份间地理位置、资源、气候、政策特区以及各地区内人们的不同偏好等不可测量因素对经济具有显著不同的影响。这也同时说明了构建 Panel Data 模型的必要性。

（2）为了分析中国经济是否绝对收敛，设定模型：

$$\ln y(t) = c + b\ln y(t-1) + vX \tag{10}$$

利用同样的数据，估计的结果如下：

$$\ln y(t) = 0.0849 + 1.0045\ln y(t-1)$$
$$(0.0085)\ (0.00316) \tag{11}$$
$$\overline{R}^2 = 0.9921 \qquad DW = 1.8186 \qquad SSR = 2.4874$$

通过回归系数的单边 t – 检验可知，前期人均收入的系数在 1% 的显著性水平下，显著不小于 1，在 10% 的显著性水平下，显著大于 1。这说明中国经济不存在绝对收敛的趋势，具有一定的发散趋势。

3.5　结论

3.5.1　平衡增长路径的发散导致了中国经济增长的发散

中国经济增长的经验分析表明，中国经济增长具有条件收敛性，而不具有绝对收敛性。一方面，这说明了中国经济如果保持现在的发展趋势，中国省际的差距就会越来越大，经济发展将会走向严重失衡；另一方面，中国经济增长的条件收敛性又指出了新古典模型预测的收敛趋势是存在的，即经济收敛于各自的平衡路径。结合两方面的分析，我们得出结论：经济的发散是由省际的平衡增长路径的发散造成的，改变这种趋势自然是要改变平衡路径的发展趋势，使得它们收敛。

3.5.2 教育投入、经济制度改革、经济结构的调整是中国经济收敛的根本途径

模型分析结果表明，在长期的经济增长中，教育具有极端重要性。教育投入，科研活动是经济增长的源泉。同时制度变迁和结构演进对经济影响的强度十分显著，这一方面说明了我国经济制度改革的成功，另一方面说明了经济制度改革和不断推进产业结构升级的重要性。根据内生经济增长理论和新制度经济学，平衡路径取决于社会 R&D 活动，以及使得平衡增长路径收敛的技术扩散的有效性。所以，加大教育和社会 R&D 投入，消除全国各省份间的贸易壁垒和人才流动障碍，落后地区的制度创新和经济结构升级，提供自由的经济环境，促进使得各地区平衡增长路径的收敛，才是保持各地区的平衡发展的根本之策。

3.5.3 城乡差距的扩大是中国经济增长发散的一种表现

各种投入要素中，人力资本的收入份额最高，实物资本的收入份额次之，劳动投入的收入份额最低。这说明经济增长主要是由高素质的劳动带动的，简单的劳动投入的增加对经济增长作用甚微。由于我国大部分的人口仍然集中在农村，模型的结果实际上说明了农村经济发展的缓慢，经济的增长绝大部分由城市带动。这也从另一个方面说明了中国经济发散的原因之一是城乡差距的扩大。城镇比例大的省份高速发展，农村比例大的地区发展缓慢。

3.5.4 中国经济增长具有相对较快的条件收敛速度

与其他文献的结论相比，本书得出了更高的条件收敛速度，达

到 4.47%。这是因为：① 本书的模型加入了控制变量——制度变迁和结构演进的影响；② 在 Panel Data 模型设定下，控制了不可测因素对总生产函数的影响。这一方面说明我国经济增长离其自身的平衡路径或平衡态更远，从而具有更大的发展潜力；另一方面说明，如果各地区具有相同的平衡增长路径，则各地区的平衡发展是完全可以在较短时期内实现的。根据 4.47% 的收敛速度计算，大约需要15 年的时间，各地区经济增长即能达到均衡，当然这只是在假设各地区具有相同的平衡路径的条件下才能实现。这再一次说明平衡路径的收敛才是我国经济均衡增长的关键。

第4章 外贸依存度发展模式的 阶段特征

—— 国际经验与中国的外贸发展趋势

贸易依存度是衡量一国经济发展对外贸的依赖程度，计算公式为进出口总额除以国内生产总值。近几年来，我国外贸依存度大幅提高，引起人们担心外贸依存度水平太高、增加过快会引起影响经济发展的一系列的问题，例如内外经济失调，贸易摩擦，限制了内需增长，资源过度消耗，经济稳定和安全，扭曲经济结构，直接涉及国家的外贸政策，进而影响我国对外贸易开放的发展进程和整体经济发展。

那么，中国的外贸依存度是否过高、增长是否过快呢？本章拟从外贸依存度的变化与经济发展阶段之间关系的角度，对这一问题进行分析。

4.1 世界各国外贸依存度的基本事实

4.1.1 各国之间外贸依存度相差悬殊

统计数据表明，各国外贸依存度相差悬殊。图4-1给出了2003年世界各国的外贸依存度与人均GDP的散点图（为了具有可比性，人均GDP利用PPP进行了调整）。由图4-1似乎看不出外贸依存度与国家人均GDP之间有什么关系。穷国的外贸依存度既可以很高也可以很低，同样的情形也出现在富国之间。

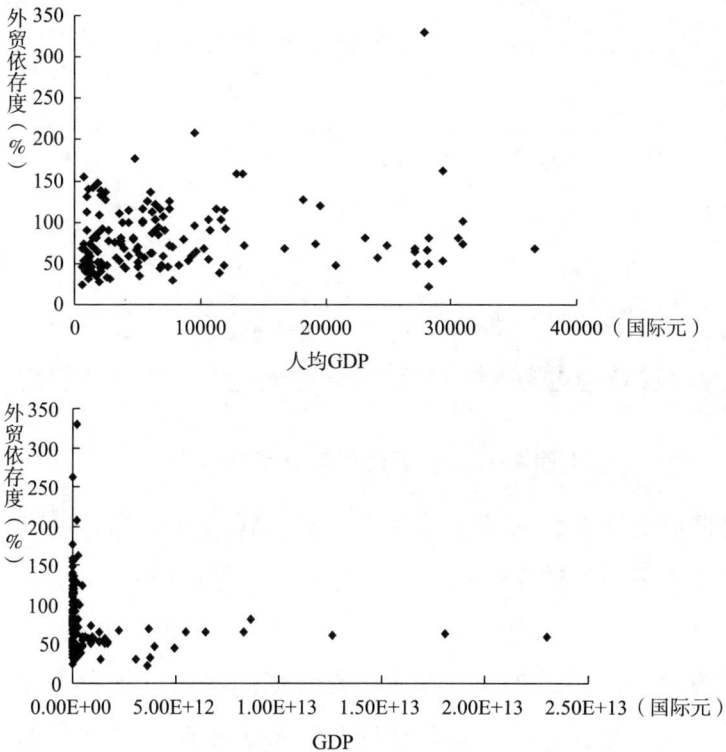

图 4 - 1　外贸依存度与经济规模之间的散点图

由图 4 - 1 可以看出，经济规模较大的国家的外贸依存度相对低于大多数小规模国家。库兹涅茨（1964，1967）也指出，经济规模对外贸依存度的影响是一种代数事实。

4.1.2　各国外贸依存度的纵向起伏

在经济的增长过程中，不同类型国家的外贸依存度的变化表现出不同的特征。图 4 - 2 给出了部分代表性国家外贸依存度随时间变化的曲线。图中曲线基本上代表了世界各国外贸依存度变化的几种情况。由图 4 - 2 可以看出，绝大多数穷国的外贸依存度具有剧烈的波动性，发展中国家表现为逐渐提高，而对于发达国家和经历了起飞过程的韩国和中国台湾地区，其外贸依存度既不是稳步上升也不是逐渐下降，而是经历了一个类似倒 U 形曲线的变化过程。

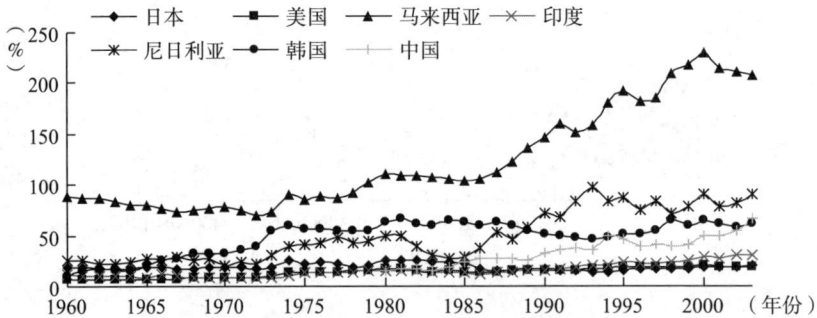

图 4－2　代表性国家外贸依存度

根据以上世界各国的统计数据可见，各国外贸依存度的变化表现出极大的不同。这在一定程度上验证了国际比较中的困难，同时，也为外贸依存度的国际比较，并进而判断其合理水平提供了思路。本书结构如下：第二部分，考察已有文献如何衡量外贸依存度的合理水平；第三部分，将外贸依存度与经济发展阶段联系起来，理论分析外贸依存度随经济发展而变化的动态特征；第四部分，对第三部分的理论结果进行经验检验；第五部分，对当前中国外贸依存度合理水平及其发展趋势的判断；第六部分，是结论及进一步的讨论。

4.2　文献综述：外贸依存度的影响因素与国际比较

人们常常利用国际比较的方法，判断外贸依存度的水平高低，分析其未来走势。在进行外贸依存度的国际比较中，人们首先注意到正确认识一个国家（或地区）经济对外依赖程度，不能单纯根据数值的高低来考察外贸依存度，而要具体分析外贸的结构因素，如加工贸易，汇率低估，GDP 规模和构成等对外贸依存度的影响，如许统生（2003）、崔大沪（2004）等。也有学者进一步指出，对外贸易的结构比对外贸易的规模更加重要，而提出考察外贸依存度要与贸易结构结合起来。许多文献，如沈利生（2004，2005）分析了各传统意义下的外贸依存度之间的不可进行直接的国际比较，而给出了一些计算外贸依存度的新公式，并得出中国外贸依存度不比美、日等发达国家高的结论。

　　经济学家库兹涅茨（1964）强调了经济规模因素对外贸依存度的影响，认为经济规模对外贸依存度的影响是一种代数事实，并详细分析了外贸依存度随经济规模变化的情况。大国的经济结构自然相对完整，大部分贸易可以在本国内部完成，而小国的生产则需要更多的对外贸易相配合。所以，不能说大（小）国的外贸依存度低（高），就不合理或者扭曲了国内外资源配置。所以，不同经济规模的国家，具有不同的外贸依存度是正常的。

　　他通过对 1958 年世界各国的横截面数据分析，指出一国外贸依存度与该国的经济规模呈负相关的关系。但是经济规模的影响方式却不是一目了然的，他提出了两种假设：加法假设和乘法假设。（1）加法假设。假设一国经济规模为 y，而除该国之外的世界经济规模为 $Y-y$，其中，Y 为世界经济规模，则对外贸易总量 $T=k_a[(Y-y)+y]=k_aY$，从而外贸依存度 $TD=\dfrac{T}{y}=k_a\dfrac{T}{y}$，其中，$k_a$ 为加法系数。（2）乘法假设。假设一国经济规模为 y，而除该国之外的世界经济规模为 $Y-y$，其中，Y 为世界经济规模，则对外贸易总量 $T=k_m(Y-y)\times y$，从而外贸依存度 $TD=\dfrac{T}{y}=k_m(Y-y)$，其中，k_m 为乘法系数。

　　库兹涅茨认为这两种假设都有一定的缺陷，而建议同时利用这两种模型的组合来刻画规模对外贸依存度的影响。

　　综上所述，可以发现以上文献通过考虑外贸依存度的各种影响因素，以便使得外贸依存度具有国际可比性；然后根据国际比较，对一个国家（或地区）经济的外贸依存度的高低给出一个大概判断。这对于判断外贸依存度的合理水平无疑是很有帮助的。但是这种判断外贸依存度的静态视角，不能对外贸依存度的变化模式，例如变化速度和趋势等动态特征进行分析。而这些特征往往也是人们所关注的，例如当前对于中国外贸依存度的关注，除了对其水平值是高还是低的争论外，外贸依存度较高的增加速度更引起人们对其未来走向的关注和担心。而且从外贸依存度的动态趋势中，判断其水平值高低更加有效。

所以，本书试图在动态图景中分析以上因素对外贸依存度的影响，以得出外贸依存度发展模式的动态特征，即在不同的经济发展阶段，外贸依存必然表现出不同的规律。这将对中国近年来外贸依存度的高速增长提供一个简明的解释。同时，了解外贸依存度的发展趋势，对于发展战略制定也具有指导意义。

4.3 外贸依存度发展模式的阶段特征

4.3.1 随经济发展阶段的推移，外贸依存度发展模式呈现出倒 U 形曲线特征

罗斯托在《经济增长阶段》和《政治和增长阶段》中，把一个国家的经济发展划分为六个阶段。第一个阶段是传统社会，也就是农业社会，是比较封闭的。对外贸易主要依赖于国内自然资源及其国际市场的变化。第二个阶段是起飞前阶段，在这一阶段社会酝酿着一些必要的变革，产生起飞的动因。第三个是起飞阶段，即经济高速发展阶段，而开始快速的工业化过程。第四个是趋于成熟阶段。第五个是大众高消费阶段。第四个和第五个阶段，经济结构和生活习惯逐渐调整，起飞前的经济发展的能量基本释放完毕，酝酿新的发展动力。第六个阶段是追求生活质量阶段或称为后工业化阶段，

在这一阶段，经济结构再次发生深刻变化，工业化过程结束，而进入后工业化或信息经济时期。其中，第二、第三、第四和第五阶段是经典经济现代化过程。经济发展阶段理论指出，加工贸易、经济结构和汇率因素都随着经济发展阶段的不同而发生显著变化。所以，一国的经济发展所处的阶段对外贸依存度具有重要影响。

在一个国家的长期发展过程中，特别是在一国经济由起步阶段到发达阶段的较长时期的高速增长阶段，许多因素往往造成严重影响外贸依存度反映一国经济对外贸的依赖程度的真实性。一般的，发展中国家，特别是经历起飞过程而逐渐达到经济发达水平的国家，在其高速发展时期，PPP 与名义汇率之间往往产生较大偏离。韩国、中国台湾以及中国近年来的表现都说明了这一点。这种偏离实际上导致了对国内生产总值测量的不准确，从而使得外贸依存度计算公式中分子和分母都不具可比性。分子即对外贸易是可贸易品，利用名义汇率进行折算是合理的，而分母即国内生产总值中有许多的不可贸易品，利用名义汇率折算往往造成对国内生产总值的严重低估，结果就是虚增外贸依存度的数值，并不表示对外贸易依赖的加深。

在一国经济由起步阶段到发达阶段的较长时期的高速增长阶段，加工贸易往往占据对外贸易的显著比例。加工贸易的存在则造成了外贸总量统计的重复计算，从而也会虚增外贸依存度的数值。所以，考虑到这两种虚增因素，可以将通常计算的外贸依存度称为名义外贸依存度，而把这两种虚增因素称为名义影响因素。这两种名义因素造成了在经济发展的初始阶外贸依存度段的快速增长。如果在计算上，从名义外贸依存度中扣除名义因素，便可得到衡量一国经济发展对外贸的依赖程度的真实贸易依存度。

根据经济发展的阶段理论，一个国家的经济发展总是伴随着其经济结构的巨大调整。最显著的是在经济起飞的第二、第三、第四阶段，第二产业即工业快速增加，所占整个国民经济的比重也急剧增加。相对于服务业等第三产业，第二产业具有更高的对外贸易性，从而造成在经济发展的这三个阶段，外贸依存度的快速增长。当经济发展进入第五和第六阶段，经济结构进一步调整，可贸易性较弱的第三产业逐渐占据国民经济的主导地位，势必造成外贸依存度增幅减弱。随着经济走向成熟，在这一时期上述的两种名义因素也同时减弱。产业结构的调整和名义因素减弱的综合效果，使外贸依存度的增幅下降甚至水平值有回落的趋势。[①]

参与国际市场分工的程度是影响外贸依存度的真实因素。随着经济发展水平提高、世界信息技术的高速发展、经济全球化加深等外部因素，使得每个国家参与国际市场的程度逐渐加深。这对于外贸依存度实际上会产生两种影响。第一，参与国际市场的程度逐渐加深自然使得真实外贸依存度不断提高。第二，如果一国（或地区）经济处于起飞阶段，参与国际市场分工会强化名义因素对外贸依存度的影响，使得外贸依存度提高的速度更快。但是，当经济进入第五阶段和第六阶段之后，名义因素逐渐消失，这种强化作用也就不再存在，这又会使得外贸依存度增幅回落具有更大的空间。随着经济发展和世界一体化的加深，真实外贸依存度的不断提高也会抵消名义因素对外贸依存度的向下影响，而使得外贸依存度最终显示出重新上升的趋势。

所以，如果一个国家（或地区）经济的起飞处于全球化不断加深的阶段，其外贸依存度就会表现为更大的增长，然后会有所回落，并最终继续上升，而表现出倒U形的变化特征。

经济规模的大小往往与经济结构完整程度高度相关，直接影响

---

① 有的学者认为，经济结构也应该归入影响外贸依存度的名义因素。其理由为第二产业与第三产业的对外贸易具有相对的独立性，工业进出口和服务进出口之间相互影响的程度并不大。但是，本书认为，在一国内部第二产业和第三产业是紧密联系、相互制约的，其中一个产业的对外依赖，必然间接影响另一个产业的对外依赖，从而应该把经济结构归入影响外贸依存度的真实因素。

真实外贸依存度的水平。小规模经济相对于大规模经济，往往会放大名义因素和真实因素对外贸依存度的影响，强化了其倒 U 形曲线特征。大国外贸依存度波动小于小国的事实，实际上验证了这一点。

综上所述，（名义）外贸依存度倒 U 形曲线的变化特征是由于名义因素和真实因素共同作用的结果。在一定的经济发展阶段，PPP 与名义汇率的较大分离、加工贸易比重激增、产业结构的非均衡动态调整，共同造成了外贸依存度随着经济发展阶段的变化而呈现出倒 U 形曲线。而经济规模和世界经济一体化趋势则会进一步强化外贸依存度变化随经济发展而表现出的这种倒 U 形曲线特征。

4.3.2　不同类型的国家的外贸依存度呈现不同类型

库兹涅茨所指出的，不同国家，即工业化国家和传统农业化国家之间，外贸依存度的变化趋势具有明显差异。Hirschmann（1958）指出，分析一个国家经济发展模式时，还要注意各国之间的差异。各国之间的差异自然也影响外贸发展模式。韩国学者金泳镐则提出了工业化的"代际理论"，将人类历史上的工业化过程分为四代工业化。他强调了新兴工业化国家和拉美国家的工业化是依靠国家和外资的结合来实现的。外贸依存度同时受国内、国外两个市场决定，所以，它不仅与本国的经济发展阶段有关，还与世界经济大环境有关。面对不同世界经济大环境，不同国家的贸易发展过程必然呈现出各不相同的特征。

根据外贸依存度的研究特点，可以将世界各国分为四类：穷国、发展中国家、新兴工业化国家和成熟发达国家。许多贫穷的非洲国家和亚洲国家处于传统社会，外贸依存度的变化呈现出杂乱变化的特点。绝大多数国家的外贸依存度处于较低的水平，而许多穷国的外贸依存度还具有剧烈的波动性。这显示出这些国家的外贸主要依赖于本国资源原材料的出口。实际上，处于外贸发展的初级阶段。

欧美成熟的发达国家，现在已处于追求生活质量阶段或后工业阶段，信息产业等服务业在经济结构中占有重要地位。类似于其经济发展过程，外贸依存度变化已经经历了一个相对完整的发展过程。虽然外贸依存度随国家规模不同而有较大差距，但是普遍低于新兴工业化国家的水平，而且近年来的变化相当稳定。

在整个世界经济中，新兴工业化国家普遍被认为代表了一种新的发展模式，经历了一个显著的起飞和高速发展的过程。很遗憾的是，能够经历起飞，并从低收入国家进入高收入国家的无非是"亚洲四小龙"。但是，其中的中国香港地区和新加坡属于城市国家，经济结构极度不完整，所以其外贸依存度的发展模式并没有普遍的代表性。继"亚洲四小龙"之后被称为"亚洲四小虎"的泰国、马来西亚、印度尼西亚和菲律宾也经历了一段高速增长时期，但现在还难以判断其已经达到比较成熟的发展阶段。中国近20年来经济取得了显著发展，但其发展阶段显然还落后于韩国等新兴工业国家的水平。所以，在研究外贸依存度问题上，能够代表新兴工业化国家发展模式的只有韩国和中国台湾地区。由图4－2可以看出韩国和中国台湾的外贸依存度的变化模式明显区别于欧美成熟的发达国家。与欧美发达国家相比，韩国和中国台湾外贸依存度表现出水平高、变化快的特征。

欧美成熟的发达国家与新兴工业化国家与地区如韩国和中国台湾地区的经济发展过程的一个显著不同就是，后者的经济发展过程是在已经存在发达工业化国家的环境下的一个逐步缩小差距的过程，利用相对短的时间，完成了欧美国家需要较长时期才完成的发展过程。在这种环境下，对外贸易与经济发展的关系必然具有新的特点。

对于发展中国家的划分，按照世界银行的中等收入国家的划分作为发展中国家。多数发展中国家，处于经济发展的起步阶段，或者是介于起飞国家和穷国之间。虽然经历了多年的经济建设，许多国家甚至没有为经济的起飞创造好充分的条件，经济发展的制度环境也具有显著的不同。

资源禀赋对外贸依存度产生重大影响，特别是石油输出国，具有与其他国家不同的外贸依存度水平及其变化规律。或者说，它们的外贸依存度并不能为其他国家（如中国）提供有效的参考标准。

除了对于外贸依存度波动性具有影响之外，经济规模还影响外贸依存度的水平。不同经济规模的国家，具有不同的外贸依存度是正常的。大国的经济结构自然相对完整，大部分贸易可以在本国内部完成，而小国的生产则需要更多的对外贸易相配合。所以，不能说大（小）国的外贸依存度低（高），就不合理或者扭曲了国内外资源配置。下面建立计量经济模型，实证检验外贸依存度与经济发展之间的具体关系。

4.4　外贸依存度发展的阶段特征的经验检验

库兹涅茨（1964）指出，在控制了规模因素之后，作为经济发展的测量指标的人均收入与外贸依存度呈现正相关关系，也就是经济发展水平越高，该国的外贸依存度一般也越高。但是他强调了考察外贸依存度与经济发展的关系，必须首先剔除经济规模的影响，否则，经济发展对外贸易依存度的作用，被经济规模所掩盖。这也说明了国际外贸依存度高低的比较，不能够直接确定一个国家外贸依存度的合理水平，而必须首先考虑经济规模的影响。库兹涅茨在随后的一篇文章（1967）中，利用时间序列数据又进一步分析了世界各国从 1850 年到二战以后这一相当长的时期中，外贸依存度的长期发展趋势。他指出外贸依存度随着工业革命的进程而不断提高。

但是库兹涅茨没有进一步分析二者之间关系的具体形式。第一，由于当时还没有 PPP 的测算，所以各国的经济规模和人均收入都没有进行 PPP 调整，而以美元价直接进行比较，从而忽略了由于 PPP 与汇率之间的差距对名义外贸依存度造成的影响。第二，单独的横截面分析难以考察经济规律的动态变化。外贸依存度的发展趋势难以从横截面分析中得到答案。在进行国际比较中，单独的时间序列分析同样具有其局限性，时间序列分析以某一国家为分析对象，得出的结论难以具有普遍性。特别是在对外贸的分析中，各国具有不同的发展模式是十分正常的。而如果同时考察横截面数据和时间序列数据，我们可以得出更具一般性的结论，并可以深化我们的研究。第三，自 20 世纪 60 年代以来，世界经济一体化，信息技术等不断发展，新兴国家不断涌现，世界贸易格局也在不断变化，经济发展在不同的历史时期必然具有显著不同的发展规律。所以，有必要重新分析外贸依存度发展变化的新特点和趋势。所以，需要对外贸依存度的阶段特征进行进一步经验分析。

4.4.1 数据与变量

1. 样本数据

本书分析的样本国家包括世界上大部分的国家，但是剔除了以下三类样本：① 前苏联、东欧地区国家以及其他在我们的样本时期内长期实行计划经济的国家；② 欧佩克成员国；③ 国家规模特别小（人口规模小于 100 万）的岛屿国家。根据上文分析，这三类国家的外贸依存度显然不具有代表性，而更多的是受其特殊的经济制度、资源条件和经济规模的影响。

为充分展现外贸依存度随着经济发展而发生变化的相对完整的过程，应该尽量选择较长的时间区间。经济学界一般认为 20 世纪 50 年代末 60 年代初以来，世界经济经历了一个和平发展的时期，工业革命已经完成，世界贸易进入了稳定发展的时期。所以，在时间区间上，选择 1960 年到 2000 年间的样本进行分析，这样形成了本书分析的 Panel 数据集。同时，作为对比，本书还建立了横截面模型，以 2003 年的各样本国形成的数据集为分析对象。

2. 样本分组

由于经济发展起步时期的不同，不同国家在经济发展过程中面临的外部国际经济环境具有很大差异，从而影响其外贸的发展模式。在整个全球经济中，发达国家和发展中国家的经济发展具有显著不同的模式，而这些因素往往难以测度，简单地将他们混在一起进行经验分析或者计量经济回归，难以得出有效的结论。所以，把样本分成两个组别进行分析：一组是成熟的发达国家，选取经济合作与发展组织（OECD）国家为样本，共有 24 个国家；另一组是中等收入国家，共有 22 个国家，采用世界银行的国家分类标准，同时剔除上述三类样本，具体国家见表 4 - 1。

表 4 - 1　样本国家及其分类

OECD 国家	发展中国家
奥地利、比利时、加拿大、丹麦、西班牙、美国、法国、希腊、爱尔兰、冰岛、意大利、挪威、荷兰、葡萄牙、德国、英国、瑞典、瑞士、土耳其、日本、芬兰、澳大利亚、新西兰和韩国	阿根廷、玻利维亚、巴西、智利、哥伦比亚、哥斯达黎加、多米尼加共和国、萨尔瓦多、危地马拉、圭亚那、洪都拉斯、牙买加、马来西亚、墨西哥、巴拉圭、秘鲁、菲律宾、斯里兰卡、泰国、土耳其和乌拉圭

东亚奇迹的代表韩国和中国台湾地区虽然它们已经达到很高的发展水平，但是它们明显经历了不同于成熟国家和发展中国家的发展道路，实际上代表了一种新的发展模式，于是我们还对这两个国家进行了单独分析。

为充分展现外贸依存度随着经济发展而发生变化的相对完整的过程，应该尽量选择较长的时间区间。经济学界的一般认为 20 世纪 50 年代末 60 年代初以来，世界经济经历了一个和平发展的时期，工业革命已经完成，世界贸易进入了稳定发展的时期。所以，在时间区间上，选择 1960 年到 2000 年间的样本进行分析，而对于横截面分析则更加数据可得性，选择 2003 年为分析的时间截面。

3. 变量选取

为了从定量的角度，实证分析外贸依存度与经济发展之间的具体关系，在建立计量经济模型之前，首先要确定分析的样本对象以及引入模型中的各解释变量，以控制它们对外贸依存度变化的影响。

选择人均 GDP（记为 GDPPC）的三年平均值 GDPPCA 代表一个国家的经济发展水平。库兹涅茨在利用横截面数据分析外贸依存度时，利用 GDP 代表国家经济规模。但是，根据库兹涅茨的加法假设和乘法假设，可以看到影响对外贸易量的因素是本国的经济规模和与之对应世界的经济规模，而影响对外贸易依存度的实际是国内外经济规模的相对值。根据加法假设，这个相对值是世界经济规模与本国经济规模之比，记为 WDGDP，而根据乘法假设，这个相对值是世界经济规模与本国经济规模之差 WMGDP。以横截面数据为基础进行分析时，各国面临同一个世界经济规模，经济规模对外贸依存度的影响便仅仅是各国不同的经济规模。但是，在试图利用 Panel Data，同时考虑外贸依存度的动态变化时，各国和世界的经济规模都会随着时间的变化而变化，从而国内外经济规模的相对值便不能够简略地由本国经济规模来代表了。所以，在进行横截面分析时，规模因素用 GDP 及其倒数衡量，而在进行同时具有时间序列和横截面特征的 Panel Data 分析时，规模因素用国内外的经济规模的相对值 WDGDP 和 WMGDP 衡量。

随着经济发展，由于一国内部经济结构的变化，特别是对于经历起飞阶段的国家，以名义汇率和 PPP 两种方法计算的经济规模及人均国民收入便会产生较大的差异。实际上，在进行国际比较时，相对于名义汇率，以 PPP 汇率进行换算，更受到人们的认同。为进行国际比较，哈佛大学 Hanson 等专门建立了 Penn Tables 数据库，通过 PPP 法调整了各国的 GDP 和人均 GDP。本书变量各国 GDP、人均 GDP（GDPPC）均为经 PPP 调整的数据。

4. 数据来源

本书变量各国 GDP、人均 GDP（GDPPC）的数据均取自 Penn Tables 数据库。为计算相对经济规模，需要世界生产总值 WGDP。不能直接从 Penn Tables 数据库中得到该数据，故利用 Penn Tables 数据库中各国数据之和作为世界 GDP 的近似度量。但是由于在 Penn Tables 数据库中，部分国家的数据缺失，WGDP 数据实际为能够获得数据的 98 个国家的 GDP 之和。由于缺失数据的国家基本上规模最小，或者在世界贸易中仅仅占有极小份额的国家，可以认为这种近似不会对测度规模效应带来显著影响。各国 GDP、人均 GDP（GDPPC）和世界生产总值 WGDP 都为 1996 年 PPP 不变价（另外，虽然世界银行 WDI 数据库中含义以 PPP 计算的世界 GDP 即 WGDP，但是缺少 1970 年之前的数据。同时，为了与各国 GDP 来源和价格基期保持一致，故选用上述的近似方法计算 WGDP）。除中国台湾地区之外，各国外贸依存度（记为 TD）则取自世界银行数据库 WDI，台湾地区的外贸依存度 TD 由 Penn Tables 数据库中的开放度（Openness）近似代表。

4.4.2　计量模型构建及估计

1. 模型构建

根据上文关于分组的讨论，分别建立三类模型：横截面模型、Panel data 模型和时间序列模型。作为分析起点和对比模型，首先以 2003 年各国的数据为基础建立了横截面模型：

$$TD_i = f(GDPPC_i) + \beta_1 GDP_i + \beta_2 1/GDP_i + c + \varepsilon_i$$

其中，TD 为外贸依存度，$GDPPC$ 为人均 GDP，f 表示 $GDPPC$ 的适当的函数形式，GDP 为国内生产总值，c 为常数项，ε 为扰动项，下标 i 表示各个国家。然后，根据上文分析，分别建立了 OECD 国家、中等收入国家的 Panel Data 模型，以及韩国和中国台湾地区的时间序列模型。

$$TD_{it} = f(GDPPCA_{it}) + \beta_1 WMGDP_{it} + \beta_2 WDGDP_{it} + c_i + \varepsilon_{it}$$

$$\varepsilon_{it} = \rho \varepsilon_{it-1} + \upsilon_{it}$$

其中，$GDPPCA$ 为最近三年人均 GDP 的平均，表示经济发展水平，$WMGDP$ 和 $WDGDP$ 分别表示世界 GDP 与各国 GDP 的差和商，表示各国国内外经济规模的相对值。c 为常数项，i 和 t 分别为横截面和时间下标。为了克服模型时间序列相关性，模型引入一阶自回归项。而对于韩国和中国台湾地区，下标 i 分别表示韩国和中国台湾，上述模型则退化为时间序列模型。为了分析外贸依存度与经济发展即人均收入之间的关系，模型设定中，$GDPPCA$（或 $GDPPC$）的函数形式 f 分别采取了线性形式、对数形式和三次多项式形式，以便比较准确地判断二者之间的关系。

对于横截面模型采用 OLS 方法估计，对于 Panel Data 的估计有两种方法可以选择：固定效应模型和随机效应模型。由于样本容量比较大，同时为了方便处理序列相关性，对模型选用固定效应模型的设定形式。由于国家之间规模相差悬殊，在估计中进行组间加权，而为了克服序列相关性，在模型设定中引入一阶自回归项。

2. 模型估计结果

（1）横截面模型

表 4-2 给出了以 2003 年为时点的 128 个国家的横截面回归。

表 4 - 2　横截面模型估计及检验结果

解释变量	二次多项式模型	三次多项式模型	对数模型	对数模型	倒数模型	倒数模型
GDPPC	0.004051	0.004867		- 0.000707		0.000363
	(2.70)	(1.70)		(- 0.83)		(0.707)
GDPPC^2	- 9.98E - 08	- 1.76E - 07				
	(- 2.08)	(- 0.75)				
GDPPC^3		1.68E - 12				
		(0.005)				
LOG(GDPPC)			10.32508	16.07668		
			(23.262)	(2.394)		
1/GDPPC					- 31221.44	- 26696.74
					(- 3.4051)	(- 2.384)
GDP	- 1.48E - 11	- 1.46E - 11	- 1.51E - 11	- 1.50E - 11	- 1.45E - 11	- 1.52E - 11
	(- 3.10)	(- 3.059)	(- 3.301)	(- 3.173)	(- 3.124)	(- 3.195)
常数项	68.31102	66.70483		- 42.92574	98.50075	94.07906
	(10.15)	(8.059)		(- 0.845)	(18.541)	(11.456)
D - W 检验	2.177243	2.170476	2.182666	2.129902	2.070564	2.115616
样本容量	128	128	128	128	128	128

注：小括号内为 t 统计量值，中括号内为尾概率 P 值；估计方法为最小二乘法。

模型估计结果支持外贸依存度与经济发展水平之间呈现非线性关系，所有三种函数形式的模型设定下，都拒绝了线性假设。图 4 - 3 出了三类模型设定下，外贸依存度与经济发展水平之间的变化关系。

根据横截面分析，至少可以得出随着人均收入、经济发展水平的提高，外贸依存度有提高的趋势。在三种函数曲线中，只有一个曲线显示随着人均收入的提高，外贸依存度最终发生回落，但是，所有三种函数曲线都显示外贸依存度提高的速度并不是不变的，而是在经历了开始较快提高的阶段后，外贸依存度提升速度大幅下降，

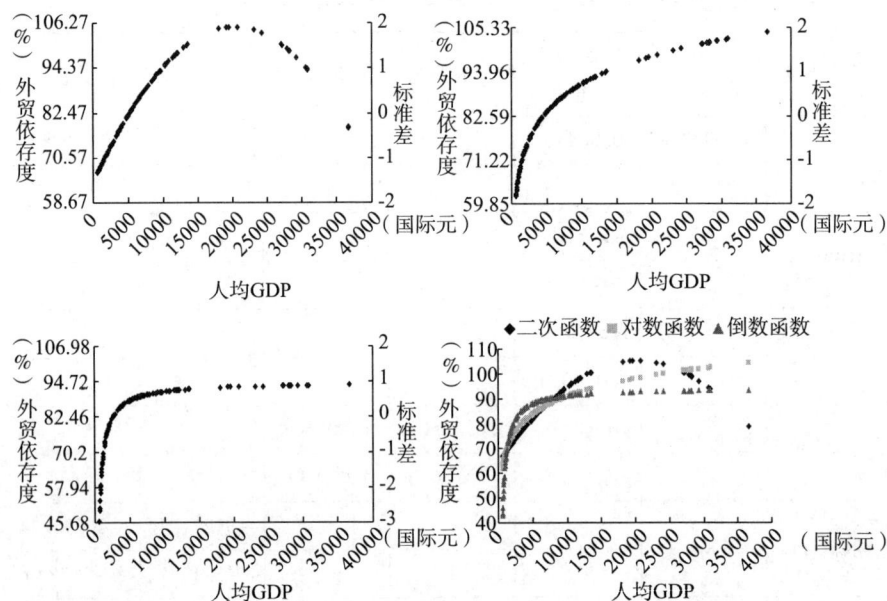

图 4 - 3　外贸依存度与经济发展水平之间的关系：横截面分析

甚至趋于稳定。

但是，横截面模型反映的是一种静态关系，实际上，随着一个国家的经济发展水平的提高，经济发展阶段的升级，外贸依存度与经济发展水平之间的关系，也会发生动态变化。根据时间序列数据可以考察这种动态变化，但是，根据单独一个国家的时间序列数据，只能得到该国外贸依存度的变化规律，并不具有较强的一般性。收集多个国家的时间序列，组合为 Panel Data，则可以得出能够反映外贸依存度随经济发展水平发生动态变化且更具一般性的结论。

（2）Panel Data 模型

表 4 - 3 和表 4 - 4 给出了 OECD 国家组和中等收入国家组的 Panel Data 模型估计结果。为了合理控制规模因素的影响，进而得出外贸依存度与经济发展之间的具体变化关系，每组国家估计了四种

模型，分别包含不同的解释变量以及经济发展水平的不同函数形式。估计结果显示，国内外经济规模的相对值对于外贸依存度具有显著影响。相对于加法效应，乘法效应更加显著，而且与预期相一致，世界与一国国内的经济规模差距越大，在其他条件相同的情况下，该国的外贸依存度越高。

表 4 – 3　OECD 国家组 Panel Data 模型估计及检验结果

解释变量	模型 I	模型 II	模型 III	模型 IV
GDPPCA		0. 000128	0. 005806	0. 00577
		(0. 001054)	(0. 003339)	(0. 00335)
GDPPCA^2		– 1. 36E – 08	– 2. 87E – 07	– 2. 87E – 07
		(2. 45E – 08)	(1. 66E – 07)	(1. 66E – 07)
GDPPCA^3			4. 11E – 12	4. 11E – 12
			(2. 64E – 12)	(2. 64E – 12)
log (GDPPCA)	– 4. 055662			
	(4. 737029)			
WMGDP	1. 13E – 09	1. 28E – 09	1. 43E – 09	1. 44E – 09
	(1. 26E – 10)	(1. 50E – 10)	(1. 95E – 10)	(1. 94E – 10)
WDGDP				– 0. 001754
				(0. 002828)
AR (1)	0. 927578	0. 925795	0. 92879	0. 928223
	(0. 020827)	(0. 024248)	(0. 020434)	(0. 020552)
调整的 R^2	0. 956645	0. 956783	0. 958404	0. 958391
F – 检验	9732. 730	6510. 512	5081. 700	4064. 249
	[< 0. 00001]	[< 0. 00001]	[< 0. 00001]	[< 0. 00001]
D – W 检验	1. 719150	1. 714574	1. 719723	1. 719014

续表

解释变量	模型 I	模型 II	模型 III	模型 IV
Wald – 检验			5.676108	5.573424
			[0.058539]	[0.061623]
样本容量	882	882	882	882

注：小括号内为标准差，中括号内为尾概率 P 值；估计方法为组间加权的广义最小二乘法；表中略去了个体效应；AR（1）表示残差一阶自回归项；Wald – 检验用来检验人均 GDP 高次项的联合显著性。

表 4 – 4 中等收入国家组 Panel Data 模型估计及检验结果

解释变量	模型 I	模型 II	模型 III	模型 IV
GDPPCA		0.003688	0.019031	0.018612
		(0.003182)	(0.008685)	(0.008875)
GDPPCA^2		– 2.43E – 07	– 2.67E – 06	– 2.62E – 06
		(1.99E – 07)	(1.28E – 06)	(1.30E – 06)
GDPPCA^3			1.15E – 10	1.13E – 10
			(6.02E – 11)	(6.07E – 11)
log（GDPPCA）	3.501083			
	(5.522895)			
WMGDP	1.17E – 09	1.20E – 09	1.25E – 09	1.25E – 09
	(2.17E – 10)	(2.20E – 10)	(2.33E – 10)	(2.34E – 10)
WDGDP				– 0.001011
				(0.004065)
AR（1）	0.938849	0.937292	0.940519	0.940522
	(0.016608)	(0.016793)	(0.016257)	(0.016282)
调整的 R^2	0.934661	0.934711	0.935080	0.934926
F – 检验	5604.634	3739.857	2822.165	2252.235
	[< 0.00001]	[< 0.00001]	[< 0.00001]	[< 0.00001]
D – W 检验	1.920507	1.918234	1.926159	1.926198

续表

解释变量	模型Ⅰ	模型Ⅱ	模型Ⅲ	模型Ⅳ
Wald - 检验			5.187111	4.739909
			[0.074754]	[0.093485]
样本容量	783	783	783	783

注：小括号内为标准差，中括号内为尾概率 P 值；估计方法为组间加权的广义最小二乘法；表中略去了个体效应；AR（1）表示残差一阶自回归项；Wald - 检验用来检验人均 GDP 高次项的联合显著性。

由表 4 - 3 和表 4 - 4 的估计结果可以看出，对于 OECD 国家组和中等收入国家组，在 GDPPCA 的三种设定形式中，只有三次多项式的拟合效果最好。t - 检验和 Wald - 检验都显示 GDPPCA 二次项和三次项系数显著，而 GDPPCA 的其他形式甚至在统计意义上都不显著。这说明可以拒绝外贸依存度与经济发展之间的关系是线性的，而接受其为明显的多项式曲线形式。从而，可以认为两组国家的模型Ⅲ最恰当地反映了外贸依存度与经济发展之间的关系。

根据两组国家的模型Ⅲ，图 4 - 4（a）和图 4 - 4（b）分别给出了外贸依存度 TD 与经济发展水平 GDPPC 之间关系。图中 TD 为相应的估计系数分别乘以相应的 GDPPC 及其二次方项和三次方项，即，用 GDPPC 代替模型中的 GDPPCA。为了可比性，分别加上模型中其他解释变量的样本均值与其估计系数的乘积。即

$$\hat{TD}_{it} = \hat{\alpha}_1 GDPPC_{it} + \hat{\alpha}_2 GDPPC_{it}^2 + \hat{\alpha}_3 GDPPC_{it}^3 + \hat{\beta}_1 \overline{WMGDP_{it}} + \hat{c}$$

其中，α_1、α_2、α_3、β_1 分别为相应的系数估计值，c 为常数项。由于模型利用固定效应进行估计，c 的实际取值为固定效应的平均值。

由图形可以看出，在控制了规模因素之后，外贸依存度与经济发展水平之间呈现一种倒 U 形曲线的形式，即经历了一个上升然后下降的倒 U 形发展过程。两个图形同时还显示，随着人均 GDP 的进

（a）OECD国家组

（b）发展中国家组

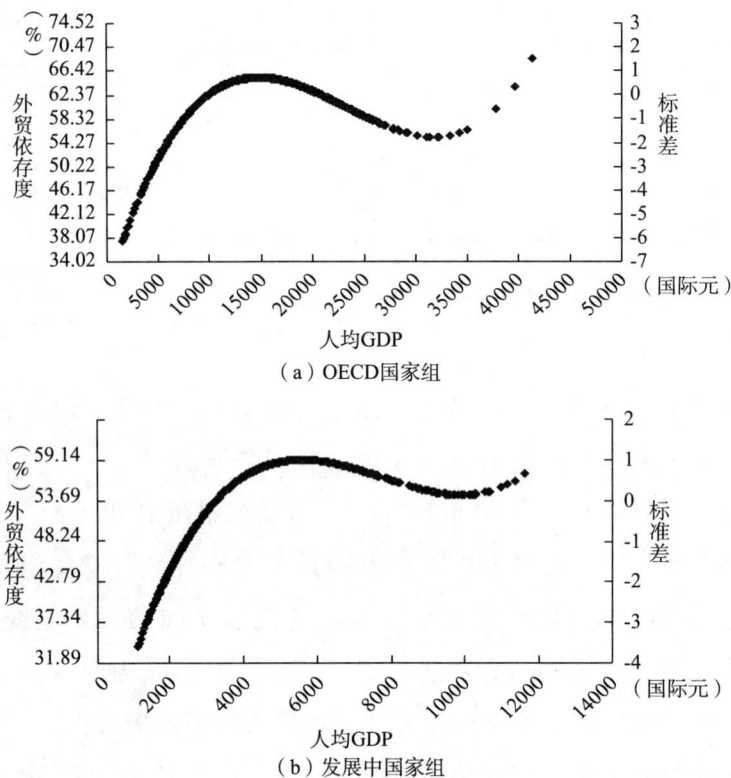

图4-4 外贸依存度与经济发展水平之间的变化关系

一步提高，外贸依存度又出现了重新上升的趋势，这似乎暗示随着经济发展水平的进一步提高，信息技术的飞速发展，世界一体化程度加深，外贸依存度最终进一步提高。这符合当前世界经济发展的现实。但是，处于重新上升阶段的样本点数相对非常少（占样本总数的比例小于1%），考虑到三次多项式曲线随着收入水平增加，最终会趋向正无穷或负无穷，从而三次多项式曲线拟合仅在围绕自变量均值附近一定区间内才有较高可靠性。所以，对于这一阶段的外贸依存度的变化趋势，还不能有较大的把握。

（3）时间序列模型分析

时间序列模型描述了东亚起飞国家的外贸依存度的发展模式。不同于 Panel Data 模型，对于韩国和中国台湾地区的时间序列模型

（模型估计结果略），国内外的经济规模的差距或者国内经济规模的大小对于外贸依存度的变化并没有显著影响。实际上，这与库兹涅茨的理论是不矛盾的。库兹涅茨的理论指出在进行国际间的横向比较时，国内经济规模对于外贸依存度具有代数上的显而易见的影响。而在利用时间序列数据，对一个国家的外贸依存度的发展进行纵向分析时，这种代数上的影响便自然不存在了。所以，没有理由认为随着一个国家的经济规模不断增长，外贸依存度会下降。

表 4 - 5　韩国与中国台湾地区模型估计及检验结果

解释变量	韩国模型 I	韩国模型 II	中国台湾模型 I	中国台湾模型 II
GDPPCA		0.046075		0.042694
		(14.94199)		(11.92273)
GDPPCA^2		- 5.95E - 06		- 4.58E - 06
		(- 12.79603)		(- 9.092306)
GDPPCA^3		2.32E - 10		1.48E - 10
		(11.70836)		(7.489221)
log（GDPPCA）	14.14419		21.29511	
	(0.990913)		(1.375098)	
常数项	- 55.5486	- 40.90747	- 100.638	- 20.93171
	(- 0.40717)	(- 7.673016)	(- 0.68624)	(- 3.297755)
D97	- 4.49335	- 9.480684	1.146687	
	(- 1.17161)	(- 2.368105)	(0.319569)	
AR（1）	0.924809	0.40785	0.939982	0.590214
	(13.2902)	(2.730026)	(17.24864)	(4.029385)
调整的 R^2	0.945231	0.966002	0.971184	0.978965
F - 检验	254.1239	251.0418	495.3018	512.9337
	[< 0.00001]	[< 0.00001]	[< 0.00001]	[< 0.00001]
D - W 检验	1.607245	1.635948	2.047292	2.025621

解释变量	韩国模型 Ⅰ	韩国模型 Ⅱ	中国台湾模型 Ⅰ	中国台湾模型 Ⅱ
Wald – 检验		206. 3260		181. 1201
		[< 0. 00001]		[< 0. 00001]
样本容量	45	45	45	45

注：小括号内为 t 统计量值，中括号内为尾概率 P 值；估计方法为最小二乘法；AR（1）表示残差一阶自回归项；Wald – 检验用来检验人均 GDP 高次项的联合显著性。

表 4 – 5 给出了韩国和中国台湾地区的时间序列模型的估计结果。由模型估计结果，可以拒绝外贸依存度与经济发展水平之间呈线性关系。而且相对于对数模型，三次多项式模型更好地反映了二者之间的关系。根据表 4 – 5 中的韩国模型 Ⅱ 和中国台湾模型 Ⅱ，图 4 – 5 给出了韩国和中国台湾的外贸依存度 TD 与经济发展水平 GDP-PC 之间关系。图中 TD 的计算为：

$$\hat{TD}_t = \hat{\alpha}_1 GDPPC_t + \hat{\alpha}_2 GDPPC_t^2 + \hat{\alpha}_3 GDPPC_t^3 + \hat{c}$$

其中，α_1、α_2、α_3 分别为相应的系数估计值，c 为常数项。

图形直观地显示，外贸依存度与经济发展水平之间表现出类似的倒 U 形曲线的变化模式，即随着经济发展水平的提高，外贸依存度在经历了一个快速上升的阶段后，随后逐渐下降。但是，与经历了长时间发展过程的成熟国家以及发展缓慢的发展中国家相比，作为经历了经济快速起飞过程的东亚奇迹的代表，在经济发展达到一定水平后，韩国和中国台湾地区的外贸依存度具有更加明显的重新上升趋势。处于上升阶段的样本点占总样本数的比例分别为 2% 和 1.3%。下文将进一步分析各组国家外贸依存度的变化模式的不同。

综合三种类型国家外贸依存度的发展模式，我们可以看到，在经济发展的相当长的区间内，外贸依存度随着经济发展水平的提高

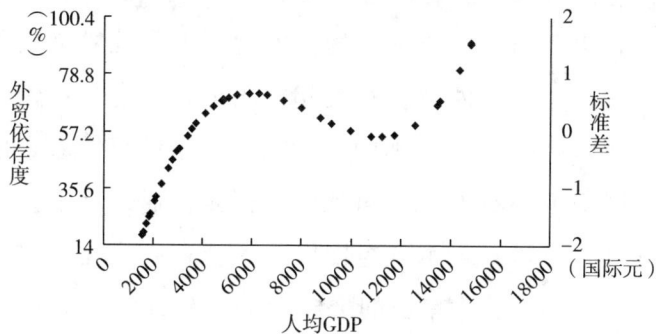

（a）韩国

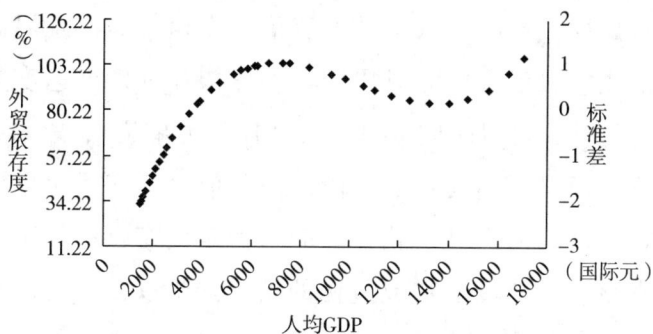

（b）中国台湾地区

图 4 -5　外贸依存度与经济发展水平之间的变化关系

将经历一个倒 U 形曲线，对于经历不同发展模式的国家，其相应的倒 U 形曲线又有所不同。而且，当经济发展的一定程度后，外贸依存度还可能会有重新上升的趋势。

4.5　外贸依存度的国际比较与中国外贸依存度的发展

4.5.1　如何进行国际比较

经验分析表明，随着经济发展水平的提高，外贸依存度呈现出倒 U 形曲线的变化模式。对比分析各（国家）组外贸依存度变化模式的不同，便可以为衡量中国外贸依存度的合理水平及其发展速度提供比较准确的参考。但是，这种比较需要注意几个问题。

首先，各组间的外贸依存度的标准化。由于规模因素的显著影响，不能因为两个国家外贸依存度相差很大，就得出结论说必有一个国家的外贸依存度是不合理的。所以，上述各组国家之间的外贸依存度从绝对值上不具有完全可比性。但是，通过标准化可以大大增强其可比性，所以，表示各组国家外贸依存度变化模式的图形中都同时给出了以标准差为单位的坐标。

其次，相对于外贸依存度的绝对值，各组间外贸依存度的变化率更具有可比性。不同国家组的外贸依存度随着经济发展而变化的速率，即曲线的斜率可以为对比分析外贸依存度发展速度是否合理提供参考。另外，可以时间为单位（如以年为单位），表示外贸依存度变化速度，但是，不同发展阶段，外贸依存度变化速度不同，往往反映了经济结构的合理变化。不能因为年度变化率的不同，而得出外贸依存度变化速度过快或过慢的结论。所以，外贸依存度随人均 GDP 变化而变化的速率之间的比较，则可以反映出一个国家外贸依存度的变化速度是否与经济发展阶段相适应，从而为在国际比较中确定一个国家外贸依存度合理变化提供参考。

再次，随着经济发展水平的提高，外贸依存度变化的一般模式特征可以进行比较。如外贸依存度的转折点或顶点所处的阶段特征等，可以为衡量一个国家外贸依存度水平高低提供参考。

4.5.2　外贸依存度顶点所处经济发展阶段

对于不同类型的（国家）组，在外贸依存度达到倒 U 形曲线顶点的时候，人均 GDP 所处的水平显著不同。成熟发达国家、发展中国家和经历起飞过程的韩国和中国台湾分别为 15000 美元、5000 美元、6000 美元和 8000 美元。从人均 GDP 的角度衡量，成熟发达国家外贸依存度达到顶点最晚，而发展中国家最早。经历起飞过程的经济体则稍晚于发展中国家，而大大早于发达国家。经历起飞过程的经济体和发展中国家的发展之路与发达国家具有巨大差异。这可以由工业化的"代际理论"进行解释。伴随发达国家发展的工业化是在外部没有更加发达的工业化国家的环境下进行的，而经历起飞过程国家则相反。经历起飞的新兴工业化经济体韩国和中国台湾地区的外贸依存度稍晚于发展中国家达到顶点，似乎说明经济发展速度越快，实施出口导向型发展战略，外贸依存度发生转折的时间越晚。不过，这并不显著。

4.5.3　变化速度

倒 U 形曲线的斜率反映了外贸依存度随着人均 GDP 变化而变化的速度，由此可以进一步分析不同（国家）组外贸依存度的变化模式的特征。

由上文分析结果可以看出，OECD 国家、发展中国家和起飞国家的外贸依存度达到顶点时的人均收入水平分别约为 13000 美元、10000 美元和 6500 美元。也就是说，发达国家外贸依存度转折点发生在经济发展水平较高的阶段，大多数发展中国家基本上还没有达到转折点，而起飞经济体韩国和中国台湾地区达到顶点时的人均 GDP 最低。但是，顶点处的外贸依存度分别约为 50%、80% 和 130%。如果我们进一步考察，按照 Penn Tables 数据库，可以发达国家的人均收入 13000 美元大约在 20 世纪 70 年代末，而韩国和中国台湾大约在 20 世纪 80 年代中期人均收入达到 6500 美元左右。这说明不同类型的国家由于面临的世界经济环境不同，其外贸发展相对于经济的总体发展表现出不同的特点——相对于发达国家，由于新兴起飞经济体所处世界经济环境更加有利于世界贸易，其外贸发展超前于其经济总体发展。曲线斜率进一步说明了外贸依存度变化的规律。

与发达国家相比，以人均 GDP 衡量，起飞经济体外贸依存度达到最高点的速度明显较快。与中等收入的发展中国家相比，突出的不同是，韩国和中国台湾地区已经经历了一个明显的下降过程。结论：在外贸依存度的上升阶段，发达国家最慢，起飞经济体最快；对于发展中国家，人均收入达到 5500～7500 美元（PPP）这一阶段，外贸依存度将趋于平稳，并略有下降。

4.5.2　国际比较视角下的中国外贸依存度

1. 如何进行中国外贸依存度的国际比较

首先，由于中国处于经济起飞的高速发展阶段，以名义汇率计算的经济规模与以 PPP 计算实际值具有较大差距，同时考虑经济规模对外贸依存度的影响，所以，不能直接比较中国与其他国家的外贸依存度的绝对量。

其次，中国实行改革开放的时期比较短，如果从确立市场经济为主体算起，迄今只有 20 多年的时间。如果要测量外贸依存度与经济发展水平之间的关系，则需要较长的时期，至少需要包括比较完整三到四个经济发展阶段，如韩国和中国台湾地区，从 1953 年算起，可以说已经经历了起飞前、起飞、趋于成熟以及部分的大众消费阶段等近四个阶段。所以，以中国现有数据为基础进行类似于上文对韩国和中国台湾地区的回归分析，并不能得出中国外贸依存度与经济发展阶段之间的真实关系，而可能由于短期的波动而得出误导性结论。

基于以上两点，本书分析中国的五年期的平均外贸依存度与经济发展水平的关系，然后以中国所处的经济发展阶段为依据，通过国际比较，为当前中国外贸依存度的发展水平和发展速度的合理性给出判断。

2. 比较与结论

分析得出，在中国当前所处的发展阶段，以人均 GDP 衡量的中国外贸依存度水平和提高速度并不比处于相同发展阶段的其他国家的外贸依存度高。如果考虑汇率与 PPP 两种换算方法对 GDP 测量的扭曲，即使在控制了规模因素之后，中国外贸依存度的水平和增加速度甚至低于经历了起飞过程的国家和地区。与中国的经济发展阶段相适应，中国外贸依存度在今后一段时期内仍将呈现上升趋势。但是随着经济发展，这种快速提高的趋势不会持续很久。根据国际比较，大概可以判断转折点将发生在 2007～2010 年之间，即以 PPP 计人均收入达到 6500～7500 美元的阶段。在这一时期，中国外贸依存度将进入相对稳定并可能略有下降阶段。但受全球一体化和信息技术发展的影响，外贸依存度最终还会增长，只是速度将是十分平缓的。

4.6　结论与进一步的探讨

随着经济发展，外贸依存度的变化既不是不断提高也不是不断下降的过程，而是在不同的发展阶段呈现出不同的水平和发展速度。在由起飞前到趋于成熟以至大众消费的整个发展阶段内，外贸依存度随着经济发展水平的提高而呈现出倒 U 形曲线的发展模式，即在整个的经济发展过程中，外贸依存度都经历了一个较快增长、高位维持，随之略有下降的过程。受发展战略以及所处世界经济的历史环境不同的影响，不同国家的外贸依存度的倒 U 形曲线的变化模式也有明显区别。通过国际比较，根据中国所处的发展阶段，本书得出结论：以人均 GDP 衡量的中国外贸依存度水平和提高速度，并不比处于相同发展阶段的其他国家的外贸依存度高。近年来的外贸依存度的快速上升，只是一种短期现象，而且并没有超出正常范围。如果综合考虑汇率与 PPP 两种换算方法对 GDP 测量的扭曲和规模因素，中国外贸依存度的水平和增加速度甚至低于大多数国家的"同期值"，今后一段时期内仍将呈现上升趋势。在 2007～2010 年之间中国外贸依存度将相对稳定并可能略有下降。但随着全球经济一体化和信息技术发展以及中国逐渐融于 WTO 等因素，外贸依存度最终还会增长，只是速度将是十分平缓的。

　　本书主要从国际比较的角度，根据相应于经济发展的阶段外贸依存度的变化特征，对中国外贸依存度水平和速度进行了分析。从协调国内外分工、充分利用国际资源的角度，也许可以直接对外贸依存度的合理发展水平给出一个回答，并进一步分析对外贸易的结构，则可以给出外贸依存度发展变化的内在原因。但是，这需要庞大的数据支持，尚需进一步的研究。

第5章 中国 FDI 流入的决定因素及因果分析

5.1 引言

改革开放以来，特别是进入 20 世纪 90 年代以来，市场广阔、发展潜力巨大的中国成为外商直接投资（FDI）的热点，外资流入量持续攀升。虽然 20 世纪 90 年代下半期以来，我国利用外资增速有所放慢，2003～2005 年三年实际利用外资即达到 1744 亿美元，成为世界上仅次于美国的第二大引资国。在这种情况下，我国 FDI 流入的主要推动因素是什么，FDI 流入对于主要国民经济指标起到什么作用，自然是人们关注的重大问题。对这些问题的回答，有助于发挥外商直接投资在我国国民经济发展中的积极作用。

本章从 FDI 国际流动的层次上，将我国看作一个整体，区分 FDI 的不同来源国，利用 1985～2002 年间各主要资本输出国对我国直接投资的面板数据集（Panel Data Set），结合计量经济模型与 Granger 因果关系检验分析上述问题，指出我国的外商直接投资流入的原因、特点及存在的问题。具体的，本章结构如下：5.2 节对相关文献进行回顾，指出外商直接投资的决定因素；5.3 节是我国外商直接投资的计量模型及因果检验；5.4 节是计量模型及因果检验的经济含义；5.5 节是结论与进一步讨论的问题。

5.2　文献回顾：外商直接投资的决定因素

1960 年，海默（S. H. Hymer）的博士论文《国际经营：FDI 研究》首次将 FDI 与间接投资加以区别，通常被认为是 FDI 理论诞生的标志。此后，FDI 理论得到了不断的发展。海默、金德尔伯格（C. P. Kindleberge，1969）、凯夫士（R. E. Caves，1971）等学者提出了企业优势理论学说。巴克利和卡森（P. J. Buckley、M. O. Casson）、鲁格曼（Rugman）等学者提出了内部化优势理论。他们都从某一角度阐释 FDI，均存在一定的局限性。1977 年，邓宁等发展了韦伯（Weber，1909）的思想，提出了区位优势理论，并将各种 FDI 理论相互补充、融合纳入一个统一的分析框架，最终提出了国际直接投资的折中理论范式（eclectic paradigm）。它由企业优势、区位优势和市场内部化优势所构成，又称为 OLI 模式。迄今为止，折中理论是 FDI 理论中影响最大、适用范围最广的理论，代表了 FDI 理论发展的趋势。折中理论实质表明 FDI 受制于两组约束变量：一组是企业变量，一组是区位变量。前者决定 FDI 供给，后者决定 FDI 需求。按照邓宁的理论，影响东道国区位优势的因素具体包括：自然禀赋和人造资源以及市场的空间分布；投入品的价格、质量和生产率（如劳动力、能源、原材料、零部件和半成品）；社会基础设施；投资优惠或障碍；产品贸易中的人为障碍（如进口限制等）；跨国间的意识形态、语言、文化、商业和经济体制和政府政策（资源配置的制度框架）等。联合国贸易和发展会议（UNCTAD）则指出资源开发型的跨国公司往往考虑东道国原材料的可获得性和成本、劳动力成本和当地雇员的技能，而追求效率型的跨国公司则更多地考虑东道国的基础设施、运输成本和集聚效应。

Agodo 对美国公司在非洲国家的投资分析发现工资成本对 FDI 的

吸引力并不显著，而 Schneider 和 Frey 对 54 个发展中国家分析的结果表明，工资成本明显影响 FDI 的地理分布。这一矛盾可能是由于劳动力成本相对于其他变量的重要性不同所致，也说明了对于不同的东道国，外资流入的影响因素及其作用机制可能是不同的。

　　中国作为最大的引资国引起了许多国内外学者的研究兴趣。许多研究还表明，外商对华直接投资流入量的增长与全球 FDI 流入量的增长之间相关性很小，由此可知外商对华直接投资流入量的变化不是源于供给方面，而是由需求方面所决定，即主要由我国区位变量的变化所决定。Chen、Cheng 和 Kwan 使用 1987～1991 年数据从市场份额、劳动力成本、交通基础设施以及研发能力的角度研究了 FDI 在我国区域分布中的决定作用，结果显示劳动力成本并不影响 FDI 的区位选择，市场份额的作用仅在中部地区显著。Head 和 Ries 对中国引进 FDI 的研究表明，基础设施和工业基础完善的地区，政策激励对 FDI 流入的作用十分巨大。Cheng 和 Zhao 首次发现了以教育衡量的劳动力质量对中国引进 FDI 的区域分布没有显著影响。国内学者鲁明泓通过多种因素分析，对我国 20 世纪 80 年代后期和 90 年中期不同地区的投资环境和对外资的吸引力进行了评估和比较。徐康宁和王剑分析了美国对华直接投资决定性因素。许罗丹和谭卫红（2003）对我国外商直接投资的聚集效应和其他的影响因素作了分析。在这些研究中，有的是研究某一国家对华直接投资决定因素的影响，有的是以我国各省或地区为考察对象，分析我国 FDI 的区域分布特征及其决定因素，最后都给出了许多启发性的结论。

　　为了回答我们的问题：我国 FDI 流入的主要推动因素是什么，以及 FDI 流入对于主要国民经济指标起到什么作用，本书在以上研究的基础上，将我国看作一个整体，在 FDI 国际流动的背景下区分我国 FDI 的不同来源国，利用 1985～2002 年间各主要资本输出国对我国直接投资的 Panel Data，通过建立 Panel Data 模型，实证研究我

国 FDI 流入的各种经济、制度、文化、地理等影响因素，进而结合
Panel Data 下的 Granger 因果关系检验，分析指出我国的外商直接投
资流入的原因、特点及存在的问题。

5.3 计量模型及因果检验

5.3.1 变量、 指标与数据

为了从定量的角度，实证分析我国 FDI 流入的各种影响因素，
在建立计量经济模型之前，首先要确定引入模型中的各解释变量。

1. 变量选取

根据上文的分析，考虑我国转轨经济的现实，本书主要从我国
FDI 需求方面，兼顾外商本国经济变化的影响，考察影响我国 FDI
流入的各种主要因素，确定模型中的解释变量。

我国经济多年来的快速增长造就了大容量、高成长的国内市场，
形成了对各种类型 FDI 的巨大引力，所以确定我国经济增长率（记
为 GGDP）作为市场容量及成长性指标进入模型。

从力的作用角度看，吸引 FDI 流入并不是"一厢情愿"的事，
FDI 的流向最终要由东道国和各输出国对资本吸引力的相对强弱来
决定。模型引入各输出国 GDP 增长率（记为 FGGDP），反映资本输
出国对于资本的吸引力，将其称作"外在引力"指标。

根据邓宁和联合国贸易和发展会议（UNCTAD）的研究，东道
国基础设施建设水平、创新能力、资本输出国与东道国之间在劳动
力成本等方面的差异也会影响外商直接投资的流向，所以模型中加
入基础设施指标 INFRA、创新能力指标 PATENT、相对劳动力成本
指标 WWAGE，反映了投资环境和投入成本的影响。

作为世界上最大的发展中国家，我国市场化改革不断深化，经

济转轨不断释放着经济发展的巨大潜力，为 FDI 带来新的机会。我国经济转轨可以表现在国企改革、市场化程度及对外开放度等各项指标上，但由于各变量之间是高度相关的，为避免严重的多重共线性，本书利用一个变量市场化指标 MARKET 作为转轨变量，反映转轨经济对于 FDI 流入的影响。

通货膨胀率一方面反映了投入品价格的变化，另一方面也反映了实际有效汇率的变化（特别是在我国实行有管理的浮动汇率制度下，通货膨胀率更能反映有效汇率的变化），所以价格水平的变换或通货膨胀率对于 FDI 的投资成本具有重要影响。因此，模型引入各投资国与我国的通货膨胀率之差 DPRICE。

FDI 流动具有一定的"惯性"，这种"惯性"从另一个侧面反映了东道国投资环境的状况。资本的逐利本性决定了 FDI 一定会在投资环境优越、获利机会众多的国家和地区集聚。同时，已有研究指出，外商直接投资可能存在聚集效应[①]，前期 FDI 的流入会使 FDI 流入继续增加。所以，模型用 FDI（-1）反映这种惯性和聚集效应的影响。

除了上述所列的变量外，还有许多其他因素，例如跨国间的意识形态、语言文化、历史传统、地理位置及政治关系等对 FDI 流入具有重要影响。忽略这些影响而直接进行模型分析，可能导致对模型中各变量系数的有偏估计，从而得出错误的结论。下文通过运用 Panel Data 建模技术而不是通过引入大量的解释变量，来反映这方面的影响，克服系数估计有偏的问题。

2. 指标构建

模型被解释变量 FDI 是按来源国区分的我国 FDI 的年度实际流

---

① 聚集效应是指由于经济活动和相关生产设施的区域集中而形成的正外部性、规模经济和范围经济。

入量。根据上文对变量的选取，模型拟引入八项指标解释我国 FDI 的流入。经济增长率 GGDP 和 FGGDP 分别为我国和各外商本国的 GDP 增长率，其他指标构建如下。

基础设施指标 INFRA 是以铁路和公路的每公里运输能力为权重，对我国铁路总里程数和公路总里程数的加权和；创新能力指标 PATENT 为我国每年授予专利数；经济转轨指标 MARKET 为我国各年非国有经济工业产值占工业总产值的比重；相对通货膨胀率 DPRICE 为各资本输出国减去我国的年度通货膨胀率之差；相对劳动力成本指标 WWAGE 为各资本输出国减去我国的制造业雇员平均小时工资之差；而惯性指标 FDI（－1）为 FDI 在时间维度上的一阶滞后。各指标含义及预期影响见表 5－1。

表 5－1　影响外商直接投资的指标变量及预期影响

变量指标	指标类型	含　　义	单位	预期影响
GGDP	市场容量及成长性指标	表示我国各年的 GDP 增长率	%	+
FGGDP	"外在引力"指标	表示各样本国家各年的 GDP 增长率	%	－
PATENT	创新能力指标	表示我国年专利授予数	个	+
INFRA	基础建设指标	表示我国交通基础设施建设水平	千米	+
MARKET	转轨指标	表示市场化程度	%	+
DPRICE	相对物价指标	表示各资本输出国减去我国的年通货膨胀率之差	%	－
WWAGE	劳动力成本指标	表示各资本输出国减去我国的制造业雇员平均小时工资之差	美元/小时	+
FDI（－1）	"惯性"指标	表示投资惯性及聚集效应	亿美元	+

3. 样本数据的选取

模型中所用样本数据选取的时间区间为 1985～2002 年。根据规

模显著、分布均衡的原则来选取我国 FDI 的样本来源国及地区共 23
个组成一组样本国。由于部分国家或地区的 WWAGE 数据不可得，
本书选择可得 WWAGE 数据的 14 个国家为另一组样本国，见表
5－2。可以看出这 14 个样本国也满足规模显著、分布均衡的原则。
由于部分国家的数据在整个时间区间上不完整，FDI 、FGGD、PD-
PRICE 和 WWAGE 的数据实际上是一个非平衡的 Panel Data（Unbal-
anced Panel Data）。

表 5－2　样本国家列表

亚洲		欧　洲	大洋洲	北美洲	非洲
东亚	东南亚				
中国香港*、中国澳门、中国台湾、日本*、韩国*	新加坡*、泰国*、马来西亚、菲律宾*、印度尼西亚	英国*、德国*、法国*、荷兰*、瑞典、芬兰、瑞士、意大利	澳大利亚*、新西兰*	美国*、加拿大*	毛里求斯

注：① 由于维尔金群岛隶属于美国，所以没有作为样本选取；
　　② ＊表示可得 WWAGE 数据的 14 个国家。

各国 GDP 增长率根据联合国统计司统计数据库（http://unstats.
un. org/unsd/databases. htm）和世界银行统计数据库（http://devda-
ta. worldbank. org/data-query）的相关数据计算；通货膨胀率来自
International Financial Statistics；各国工资数据根据《世界经济统计
年鉴》相关数据计算而得；其他变量的数据来源于各年的《中国统
计年鉴》以及各年的《中国人口统计年鉴》。

5.3.2　模型选择、 估计与检验

为了保证对外商直接投资与各影响因素之间结构关系估计的稳
健性，本书以我国 FDI 流入为被解释变量，建立了四个具有不同设
定形式和不同解释变量的计量经济模型。本小节先进行计量经济学
检验，以保证模型设定的充分性（Full-specification）以及模型估计

的可靠性。下一小节以所得到的模型结果为基础，对模型估计结果
进行经济学分析，解释外商直接投资与各影响因素之间结构关系，
分析各因素对外商直接投资影响作用的大小。为了更好地分析模型
的经济含义，模型中各变量除比率指标 GGDP、FGGDP 和 DPRICE
直接进入模型外，其他变量指标都以自然对数的形式进入模型。各
模型的估计及检验结果见表 5 - 3。

1. 计量经济模型的构建与估计

根据上文模型形式的设定分析，模型设定为 Panel Data 模型形
式，即构建 Panel Data 模型 I：

$$
\ln(FDI_{it}) = \beta_1 \ln(FDI_{it-1}) + \beta_2 GGDP_t + \beta_3 FGGDP_{it} + \beta_4 DPRICE_{it} +
$$
$$
\beta_5 \ln(PATENT_t) + \beta_6 \ln(INFRA_t) + \beta_7 \ln(MARKET_t) +
$$
$$
\mu_i + \nu_{it} \tag{2}
$$

在解释变量中，该模型引入个体效应 μ_i 控制未观测或不可观测
因素的影响（在这里具体表示不同资本输出国相对于我国在意识形
态、语言文化、历史传统、地理位置及政治关系等方面差异的影
响），以允许不同资本输出国对我国具有不同的投资行为。劳动力成
本对于外商直接投资的作用一直是人们研究的一个重要主题。为了
分析劳动力成本的影响，在模型 I 的基础上加入各投资国与我国的
劳动力工资差 WWAGE。但是，在本书选取的 23 个样本国家中，只
有 14 个国家（见表 5 - 1）的工资数据可以得到。为了考察这种样
本选取的差别对问题的分析是否具有严重影响，在得到模型 III 的结
果之前，利用 14 国数据对模型 I 进行了重新估计，得到模型 II。对
比模型 I 和模型 II 的结果，可以发现两个模型结果是极为一致的，
说明由 23 个样本国到 14 个样本国的样本选择的变化对问题的分析
没有明显影响。由表 5 - 3 的结果可知，模型 II 和模型 III 都通过了计
量经济学检验。对 Panel Data 模型选择检验见下文。

表 5 - 3　模型估计和检验结果

变量	模型 Ⅰ	模型 Ⅱ	模型 Ⅲ
GGDP	0. 063382***	0. 022751**	0. 024767***
	(0. 004011)	(0. 009947)	(0. 009475)
	[15. 80338]	[2. 287114]	[2. 613848]
FGGDP	- 0. 00404***	- 0. 00255	- 0. 00417***
	(0. 000702)	(0. 001597)	(0. 001541)
	[- 5. 74982]	[- 1. 5989]	[- 2. 70547]
ln [FDI (-1)]	0. 51151***	0. 348748***	0. 288052***
	(0. 014749)	(0. 0359)	(0. 037361)
	[34. 68087]	[9. 714404]	[7. 709942]
DPRICE	- 0. 01249***	- 0. 01905***	- 0. 01903***
	(0. 001516)	(0. 003926)	(0. 003662)
	[- 8. 23762]	[- 4. 85053]	[- 5. 19475]
ln (PATENT)	0. 212716***	0. 289279***	0. 216003***
	(0. 02603)	(0. 063499)	(0. 061727)
	[8. 171844]	[4. 555649]	[3. 499336]
ln (INFRA)	2. 946195***	3. 469233***	4. 134987***
	(0. 22715)	(0. 502615)	(0. 524051)
	[12. 97024]	[6. 902361]	[7. 890428]
ln (MARKET)	0. 950929***	1. 321995***	1. 341322***
	(0. 089055)	(0. 269151)	(0. 294324)
	[10. 67794]	[4. 911732]	[4. 55729]
ln (WWAGE)			0. 381063***
			(0. 074359)
			[5. 12467]
R^2	0. 899154	0. 911396	0. 904574
调整的 R^2	0. 889987	0. 902623	0. 89299
F 值	493. 3581	353. 1586	239. 6915

续表

变量	模型 Ⅰ	模型 Ⅱ	模型 Ⅲ
D－W 值	1.926596	1.877756	1.888365
样本容量	349	223	195

注：① 小括号内是标准差，中括号内是 t 值。** 、*** 分别表示在 5% 和 1% 的显著性水平下显著；

② 模型 Ⅰ、模型 Ⅱ 和模型 Ⅲ 采用固定效应形式，估计方法为 SUR 加权的虚拟变量最小二乘法；

③ ln（．）表示自然对数；

④ 模型固定效应分析见下文。

2. Panel Data 模型的检验

（1）Hausman 检验。为了证明模型设定为固定效应而不是随机效应形式的合理性，对模型 Ⅰ 和模型 Ⅲ 进行 Hausman 检验，检验统计量 $\chi^2[k] = b - \hat{\beta}' \hat{\Sigma}^{-1} [b - \hat{\beta}]$，其中，$b$ 和 $\hat{\beta}$ 分别为固定效应和随机效应下的参数估计向量，$\hat{\Sigma} = Var[b] - Var[\hat{\beta}]$ 为参数向量 b 和 $\hat{\beta}$ 的方差 - 协方差矩阵之差，k 为解释变量的个数。检验结果见表 4。

（2）个体效应检验。为了说明模型应该设定为含有个体效应的形式而不是简单的堆积数据回归形式，对模型 Ⅰ 和模型 Ⅲ 个体效应进行显著性检验，检验结果见表 5 - 4。

表 5 - 4 模型设定性检验

模型	检验	统计量	统计值	结论
模型 Ⅱ	Hausman - 检验	$\chi^2[7]$	109.02**	模型为固定效应形式
	F - 检验	F (22, 319)	3.98**	个体效应显著不同
模型 Ⅳ	Hausman - 检验	$\chi^2[8]$	97.83**	模型为固定效应形式
	F - 检验	F (13, 173)	6.50**	个体效应显著不同

** 表示在 5% 的显著性水平下拒绝原假设。

结合这两个检验结果可以判断，研究我国外商直接投资影响因素的计量经济模型应该设定为固定效应形式的 Panel Data 模型，综合表 5 – 3 和表 5 – 4 的检验结果可知，模型Ⅰ、模型Ⅱ和模型Ⅲ都通过了计量经济学检验，模型参数的估计是可靠的。通过对比可以看出，三个模型结果中各变量系数的估计值是相当稳定的，这从另一个角度说明了模型的稳健性。

5.3.3　FDI 流入的国别效应

表 5 – 4 中的个体效应检验表明了来源于不同国家或地区的外商直接投资具有显著不同的个体效应。这些效应反映了意识形态、语言文化、历史传统、地理位置及政治关系等模型未观测或不可观测因素的影响。根据模型Ⅰ对固定效应的估计值，在进行了零均值处理后，图 5 – 1 将 23 个不同国家或地区所表现出来的个体效应按照大小进行了排序。由图中的趋势可以看出，按照从欧洲、北美洲、大洋洲到东亚、东南亚，再到港、澳、台与我国大陆地理距离和"心理距离"的由远及近，各国家或地区对我国 FDI 流入的个体效应也大致地逐步增强。根据模型Ⅲ得到的 14 个国家和地区的个体效应趋势图类似（略）。

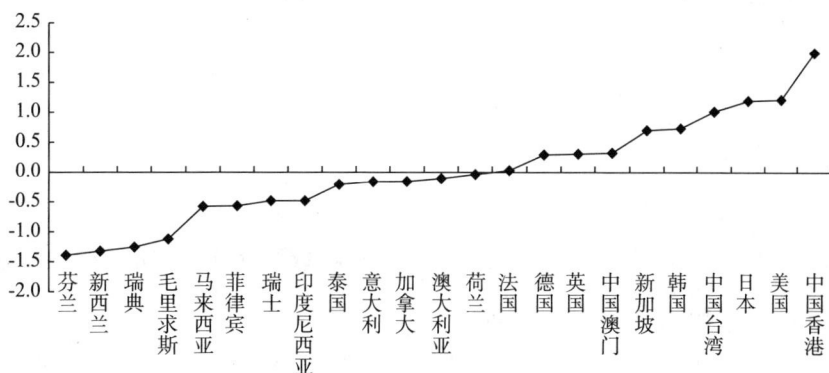

图 5 – 1　国别效应趋势

这说明诸如意识形态、语言文化、历史传统、地理位置和政治关系等对 FDI 的流向具有重要影响。资本输出国常常投资于与其"邻近"的国家或地区。其他一些研究也得出了类似的结论，例如魏（Wei）的研究揭示了资本输出国与输入国的地理距离与它们之间资本流动额呈现负相关关系。拥有大量海外华人的中国港澳台地区、美国和新加坡，以及具有类似文化或历史文化渊源的韩国和日本等依次位于前列，这体现了我国 FDI 流入的所独具的一个重要特点——海外华人在我国吸引外商直接投资中的重要作用，我国悠久历史和灿烂文化的强大辐射力，以及亿万华夏儿女的世代相承也共同构造了我国在吸引 FDI 中的独特优势。同时也说明了相同或相似的传统文化、临近的地理位置等对于我国的 FDI 流入具有显著的贡献。

5.3.4 Granger 因果关系检验

模型Ⅰ、模型Ⅱ和模型Ⅲ对外商直接投资与各因素之间的结构关系给出了稳健可靠的估计，为评价各种因素影响作用的大小提供了基础，但没有指出外商直接投资与各因素之间的因果关系。为了进一步分析变量之间的作用机制，进而得出我国 FDI 流入的原因，下面利用 Granger 因果关系检验方法，检验各因素与 FDI 之间的因果关系。

1. 时间序列数据的 Granger 因果关系检验

对于基础设施建设指标 INFRA、市场化指数 MARKET、授予专利数 PATENT 和经济增长率 GGDP 与 FDI 之间的因果关系，利用传统的检验方法进行。首先对变量进行了对数变换和平稳化处理，然后对各组检验试验了不同的滞后阶数。结果见表 5 – 5。

表 5 - 5 因果关系检验结果（一）

原 假 设	F 统计值	尾概率	滞后阶数	结论
Dln（INFRA）不是 Dln（FDI）变化的原因	0.44954	0.65020	2	接受
Dln（FDI）不是 Dln（INFRA）变化的原因	0.76001	0.49287	2	接受
DLNMARKET 不是 Dln（FDI）变化的原因	1.37845	0.29599	2	接受
Dln（FDI）不是 Dln（MARKET）变化的原因	0.66611	0.53509	2	接受
Dln（PATENT）不是 Dln（FDI）变化的原因	2.46918	0.13443	2	接受
Dln（FDI）不是 Dln（PATENT）变化的原因	3.89054*	0.05626	2	拒绝
GGDP 不是 Dln（FDI）变化的原因	9.0239***	0.00839	3	拒绝
Dln（FDI）不是 GGDP 变化的原因	3.46742*	0.07956	3	拒绝

注：① *、***表示在 10% 和 1% 的显著水平下显著；

② FDI 表示 1985～2002 各年我国 FDI 总流入量；

③ 滞后阶数根据 AIC 和 SC 信息准则进行选择，检验过程中还对不同各滞后阶数进行了多次试验，得出了类似结果。

2. Panel Data 下的 Granger 因果关系检验

资本输出国减去东道国的劳动力成本之差 WWAGE、通货膨胀之差 DPRICE 和资本输出国经济增长率 FGGDP 都是 Panel Data，本书采用 Hurlin 和 Vent（2001）的 Panel Data 下的 Granger 因果关系检验方法（下文简称 HV 法），分析这三个变量与 FDI 之间的因果关系。由于 Panel Data 的观测点更多，HV 法的 Granger 检验具有更高的势（power）。检验结果见表 5 - 6。

表 5 - 6 因果关系检验结果（二）

原 假 设	统计量	F 统计值	临界值	结论
Dln（WWAGE）不是 Dln（FDI）变化的原因	F（28，154）	3.46571**	1.55	拒绝
Dln（FDI）不是 Dln（WWAGE）变化的原因	F（11，141）	1.096893	1.86	接受
FGGDP 不是 Dln（FDI）变化的原因	F（2，280）	0.74731	3.01	接受
Dln（FDI）不是 FGGDP 变化的原因	F（71，283）	0.083288	1.32	接受

原 假 设	统计量	F 统计值	临界值	结论
DPRICE 不是 Dln（FDI）变化的原因	F（8，268）	1.152445	1.94	接受
Dln（FDI）不是 DPRICE 变化的原因	F（42，270）	1.706019**	1.39	拒绝

注：① ** 表示在 5% 显著水平下显著；

② Dln（.）表示对变量进行对数变换后进行差分。

5.4 计量模型及因果检验的经济含义

从表 5 - 3 的 Panel Data 模型估计结果可以看出，基础设施建设指标 INFRA、市场化指数 MARKET、授予专利数 PATENT、经济增长率 GGDP、东道国与资本输出国的劳动力成本之差 WWAGE、通货膨胀之差 DPRICE 和资本输出国经济增长率 FGGDP 对于外商直接投资都有显著的相关关系，各变量系数符号与预期影响也都是一致的。而表 5 - 5 及表 5 - 6 中的 Granger 因果关系检验则进一步指出这些因素并不都是外商对华直接投资的原因。下面将 Panel Data 模型的估计结果与 Granger 因果关系检验结合起来，分析我国的外商直接投资流入的原因、特点及存在的问题。

5.4.1 FDI 与经济增长之间的关系

第一，外商直接投资与我国经济的高速增长具有显著的正相关性。表 5 - 3 的估计结果显示，我国经济增长越快，FDI 流入越多。但是，FDI 的流入对我国经济增长的促进作用比较模糊。表 5 - 5 的检验结果显示，在 1% 和 5% 的显著性水平下，我国经济增长率 GGDP 是吸引外商对华直接投资的原因，外商对华直接投资不是我国经济增长率 GGDP 的原因；只有在 10% 的显著性水平下，外商直接投资 FDI 才是经济增长率 GGDP 的 Granger 原因。

由表 5 - 3 中的结果可以看到，在 23 国模型中，我国经济增长率的系数约为 0.063，在 14 国模型中，稳定在 0.023 左右，都是相应的资本输出国经济增长率 FGGDP 的系数绝对值的 10 倍左右。综合考虑，本书倾向于认为我国高速的经济增长率强烈促进了 FDI 的流入，但外商直接投资对经济增长率的促进作用相对较弱。

第二，资本输出国的经济增长率 FGGDP 不是外商直接投资的原因。利用含有较大样本容量的 Panel Data，仍然没有发现资本输出国的经济增长率 FGGDP 与外商直接投资 FDI 之间的存在因果关系。这都意味着外商对华直接投资 FDI 主要受我国经济因素的影响，其本国经济增长率对其没有太大的影响。这再次说明了我国 FDI 主要受需求方面的影响，供给方面影响较小。

5.4.2　FDI 与廉价劳动力成本

相对劳动力成本与我国 FDI 流入之间正相关，相对于其他国家，我国劳动力成本越低（或相对于我国，其他国家劳动力成本越高），流入我国的 FDI 越多。[①] 相对劳动力成本每提高 1%，我国 FDI 流入大约提高 0.38%。表 5 - 6 显示，其他国家与我国的劳动力成本之差 WWAGE 是吸引外商对华直接投资的原因，而代表我国科研水平的专利授予数 PATENT 并不是 FDI 流入的原因。这说明我国廉价的劳动力积极促进了外商对华直接投资，同时意味着，我国当前吸引外资的水平还比较低。

---

① Cheng 和 Kwan（1999）、许罗丹和谭卫红（2003）等认为劳动力成本对 FDI 在各省或地区间的分布没有显著影响。我们将我国看作一个整体，区分了外商直接投资的不同来源国，从国际资本流动的层次上，研究不同国家与我国相对工资差对 FDI 流入的影响，而得出了不同的结论。这说明劳动力成本虽然没有影响 FDI 在我国国内的区域分布，但我国整体上廉价的劳动力成本对于吸引外商直接投资却具有显著影响。

5.4.3　FDI 与我国的创新能力

由三个模型的结果可以看出，我国 FDI 流入关于专利授予数 PATENT 的弹性系数为正，大约稳定在 0.22，而表 5 - 6 进一步显示外商对华直接投资是我国科研水平提高的原因。这在一定程度上暗示了外商直接投资在对我国创新能力的积极作用，即通过教育促进机制和溢出效应等带动了我国科研能力的提高，而不是相反。

5.4.4　FDI 与通货膨胀率

通货膨胀率之差与我国 FDI 流入显著负相关。在三个模型中，通货膨胀率之差 WWAGE 的系数稳定在 - 0.19 左右。即假定资本输出国通货膨胀率不变，我国通货膨胀率每提高 1%，我国 FDI 流入增加 0.19%。因果检验进一步显示，外商对华直接投资对于我国物价水平的提高也有推动作用，即指出两者之间的作用方向。这可能是由于外资流入会增加基础货币的投放，导致国内货币供给总量增加，最终增加了通货膨胀的压力。

5.4.5　FDI 与基础建设和市场化进程

基础设施建设、市场化程度与我国 FDI 流入正相关。由三个模型的结果可以看出，我国 FDI 流入关于基础设施建设水平 INFRA 和市场化程度指标 MARKET 的弹性系数分别稳定在 0.22、3.5 和 1.3 附近。但是，由于受到样本容量和 Granger 方法本身的限制，对于我国的基础设施 INFRA 和市场化指标 MARKET 与外商直接投资 FDI 之间的因果关系是否存在及其方向性，本书还不能得出明确的结论，还需要进一步分析。但是根据检验结果，本书倾向认为：它们之间不存在因果关系，即使存在，这种因果关系也比较弱。换句话说，外商直接投资既没有投向基础设施建设，也不是推动我国经济转轨的重要力量，市场化改革和基础设施建设主要是国内其他社会经济因素作用的结果。至于它们之间存在的显著的相关性，是国内其他的社会经济因素同时影响它们造成的。

5.4.6　FDI 的聚集效应

我国 FDI 流入与其前期值之间正相关，表 5 - 3 显示三个模型中 FDI 的前期值［即 FDI（-1）］对数的系数为 0.29 ~ 0.51，都显著大于 0。这说明外商直接投资具有较强的聚集效应，前期的 FDI 流入通过示范效应和推动效应引起了 FDI 流入的继续增加。

5.5　结论及有待于进一步研究的问题

本书利用 Panel Data 模型和 Granger 因果关系检验法，实证研究了我国 FDI 流入的各种经济、制度、文化、地理等影响因素以及与主要国民经济指标的关系。可以得出以下结论。

我国高速的经济增长、廉价的劳动力以及聚集效应是吸引外商直接投资的主要源动力。这充分说明了国际资本的逐利本性，解释了我国成为世界第一大引资国的主要原因。地理文化等因素在 FDI 流入也发挥了重要作用，也形成了我国吸引 FDI 的一个鲜明特点。

FDI 流入对于我国经济增长和科研创新的相互促进作用还不十分显著，这说明二者之间的良性循环有待于进一步加强。在一定条件下，外商直接投资还可能带来通货膨胀压力等负面影响。所以，相对于 FDI 流入的数量，更重要的是激发 FDI 技术溢出效应的发生、扩散和吸收，提高外资利用效率，限制其可能的负面影响，最终形成 FDI 流入与经济增长之间的良性循环。

实际上，税收优惠对 FDI 流入肯定具有重要影响，但由于难以在全国层次上得到一个衡量税收优惠水平的合适的代理变量，本书没有分析税收对 FDI 的影响。同样的原因，人力资本的作用也没有进行分析。所以，如何通过教育、税收以及其他一些政策或发展战略，提高外资的利用水平和效率，促进 FDI 与我国经济发展的良性循环是需要进一步研究的问题。

第6章　中国出口贸易的技术结构及其变迁

6.1　引言

出口贸易技术含量的高低，说明了一个经济体的出口贸易是属于资源投入型还是技术附加型。如果出口贸易量的增加主要是建立在资源投入型的出口上，这种贸易模式就可能不是可持续的，不利于经济的长期发展；如果出口贸易量增加的同时，出口产品的技术含量也得到了相应的提高，那么贸易模式就是可持续的。从发展经济学的角度，自由贸易带来发展机遇的同时，理论上，它也有可能导致一个经济体的生产在低端产业上实现专业化。这意味着自由贸易带来的只是短暂的繁荣，实际上损害了长期经济发展的潜力。

改革开放以来，中国对外贸易在量上获得了突飞猛进的增长后，中国对外贸易的"质"，即中国出口产品的技术含量（或附加值水平）是否得到了显著提高受到了越来越多的关注。一种观点是中国的出口贸易中，机械类产品已经成为主要出口品，甚至电子类产品也已经占据了很大比例，所以中国出口贸易的技术结构已经得到了很好的改变；另一种观点是虽然中国出口统计中出现了大量的较高技术含量的产品，但中国在这些产品的生产中只是处于整个生产链条中的低附加值或低技术含量的生产环节，中国出口贸易的技术结构实际并不高，甚至认为改革开放之后，在全球化和自由贸易的冲击下，中国出口贸易的技术结构有下降的可能。

实际上，不同的观点往往来自不同的分析方法，采用适当的方法是正确分析的前提。二战以后，特别是近三十年来，国际贸易模式已经发生了深刻的变化，许多传统的国际贸易结构的分析方法已经不能有效适应这种变化，而可能对一个经济体的国际贸易的结构给出误导性的结论。所以，本书试图建立一套有效测度出口贸易技术结构的分析方法，回答如下问题：改革开放以来，与相关国家（或经济体）相比，中国出口贸易的技术水平发生了何种程度的提高？中国出口贸易的技术结构发生了何种变化以及是否得到了显著升级？

具体的，本章结构如下：6.2 节，相关文献述评，指出许多传统的国际贸易结构的分析方法已经不适应于国际贸易模式的深刻变化；6.3 节在已有文献的基础上提出了测度产品技术含量的新指标，并进一步构建了一整套出口贸易技术结构的分析工具，包括出口贸易的技术结构分布，出口贸易的整体技术水平和出口贸易的技术结构高度指数等；6.4 节利用本书提出的分析工具，在标准国际贸易分类（SITC）的三位码水平上，计算了 1980~2003 年中国以及相关其他经济体出口贸易的技术结构，通过国际比较，揭示了中国出口贸易的技术结构及其变迁；6.5 节是结论及进一步的讨论。

6.2　文献评述

传统上，国际贸易的结构分析往往采用两种方法。第一种方法是根据产品的要素密集度或技术密集度进行分析。如果一个经济体的劳动密集或资源密集产品占据较大份额，而资本密集或技术密集产品占据较小份额，则该经济体出口贸易的技术结构比较低。产品的要素密集信息来自国民经济投入产出表，而世界各国（或地区）一般只是给出产业分类的二位数水平的投入产出表，研发支出数据也一般只能在产业水平上得到，所以，这种方法只能在产业水平上实施，从而只能粗略地测度一个经济体出口贸易的技术结构。第二种方法是简单考察国际贸易产品分类，例如标准国际贸易分类 SITC 一位码下产品的出口份额。SITC 分类中的第七类机械及运输设备和第八类杂项制品等大类产品往往被认为具有较高的技术含量，而前四类例如第 0 类食品及活动物、第 1 类饮料和烟草类、第 2 类非食用原料等被认为是仅仅具有低技术含量的初级产品，所以，如果某经济体第 7 类或第 8 类产品的出口份额高，而前四类产品出口份额低，就被认为该经济体出口贸易具有较高的技术结构。这些传统的贸易结构分析方法，是迄今为止经常被采用的方法（安德逊，2005；WTO，2005；以及其他一些经济实践部门的分析）。但是，这些方法都是在产业水平或粗略的产品分类水平上分析出口贸易的技术结构，所以，在国际贸易主要是以产业间贸易为主的条件下才是有效的。

在产业内贸易，特别是垂直型产业内贸易成为国际贸易的重要形式的条件下，传统的产业水平上的结构分析法就不再有效了。产业内贸易是指不同国家或地区在同一类产品上进行贸易，而垂直型产业内贸易是指不同国家或地区的贸易产品之间的差异不在于花色品种等，而主要在于技术含量水平。在垂直型产业内贸易下，一个国家或地区的出口完全有可能集中在该产业中的低技术含量（或高技术含量）产品。这样，传统的产业水平上国际贸易分析方法，就可能严重高估（或低估）该经济体出口贸易的技术结构。

实际上，近几十年来，世界生产和贸易的一个重要发展就是垂直专业化分工，而世界贸易的高速增长就源于这种垂直化分工（Feenstra，1998；Yi，2003；Grossman and Helpman，2002，2005）。改革开放以来，中国对外贸易的最大增长也来源于这种贸易方式。1981 年中国加工贸易出口占全国总出口的比例为 4.82%，1990 年上升为40.94%，而2004年进一步上升到55.28%，[①] 而加工贸易正是一种与垂直型产业内贸易高度一致的具体贸易形式。中国生产的总体垂直专业化程度至少已经高于韩国等OECD国家在20世纪90年代的水平（Hummels and Yi, 2001；张小蒂、孙景蔚, 2006）。平新乔（2005）研究了中国出口中来自国内和国外生产的价值比重，结果表明1992～2003年，中国出口贸易的"来料加工"的价值比率从14%上升到21.8%，即上升了。这都说明有效测度一个经济体出口贸易的技术结构必须考虑垂直型产业内贸易的影响，深入产品水平上，或至少在更加详细的产品分类水平上。

传统的国际贸易结构分析方法主要是受到投入要素数据可得性的限制，于是，最近的一些文献提出了一种仅仅基于国际贸易数据和各国（或地区）收入数据的分析方法。关志雄（2002）用产品的技术附加值测度产品的技术含量；樊纲、关志雄、姚枝仲（2006）进一步完善了这种方法。Lall、John and Zhang（2006）（以下简称LJZ）提出了"复杂性指数"的概念来测度不同产品的复杂程度；Hausmann、Jason and Rodrik（2006）（以下简称HJR）提出用"与产品对应的收入水平"（记为PRODY）测度产品的劳动生产率水平，从而作为产品技术含量的测度指标。由于国际贸易统计数据可以在很高的分类水平上获得，所以，这些方法都可以在远比一般产业分类更详细的产品分类水平上分析国际贸易的技术结构，为克服当前垂直型产业内贸易造成的影响，分析国际贸易结构提供了一种有效途径。本书就是在这些文献的基础进一步发展出一套方法，所以，下面对这些方法做简要分析。

这些方法首先为每类产品确定技术含量水平，然后，分析经济

[①] 数据来自《中国海关统计年鉴》；对于中国出口贸易中加工贸易的比重虽有不同的测算，但是加工贸易占有重要比重已经是一个共识。

体出口（或进口）贸易的技术结构或整体的技术水平。在确定某种产品的技术含量水平时，这些方法也具有共同点，即都把该产品的技术含量赋值为一个各国（或地区）收入水平的加权和；不同的是，关志雄（2002）和 LJZ 以各国出口该产品的世界份额为权重，而樊纲等（2006）和 HJR 以各国在该种产品出口上的比较优势（进行了标准化处理）为权重。

以产品的技术含量为基础，樊纲等（2006）构造并具体比较了 2003 年与 1995 年中国出口（和进口）贸易的技术高度指数，认为 2003 年中国出口贸易的技术高度得到了提高。LJZ 对中国出口贸易篮子的复杂性指数的计算显示，2000 年中国出口篮子的复杂性指数低于 1990 年的水平，LJZ 同时指出该指数在不同的时点上不具有直接的可比性，但通过世界排名也没有发现中国出口篮子复杂性具有明显提高。HJR 提出了一个衡量经济体贸易篮子生产率水平 EXPY 指数，Rodrik（2006）计算该指数显示，自 1992 年到 2003 年，中国出口产品的精密化程度在不断增加，并逐渐缩小了与韩国之间的差距。

樊纲等（2006）通过将产品分组归类为不同的技术等级而研究了中国出口（和进口）贸易的技术结构，通过比较 2003 年与 1995 年中国各技术等级产品上的出口份额，认为中国中等偏上技术和高技术产品的出口份额大幅增加，而低技术产品的出口份额大幅下降。LJZ 则比较了 2000 年与 1990 年中国出口各技术等级产品的世界份额，并认为中国在中等技术产品上出口的世界份额增长最快，在最高端和最低端产品出口的世界份额也有大幅增长，而中等偏上技术产品出口的世界份额减少。值得注意的是，对产品的分组归类，樊纲等（2006）和 LJZ 方法都是根据产品类别数进行简单归类的。①

---

① 概括地，这种方法首先按照产品的技术含量指标进行大小排序，然后把相同类别数目的产品归为一大类。比如，若把所有的产品（共 m 类）归为 k 大类，则每大类都含有类产品，为取整符号。

综上所述，以上完全基于国际贸易统计数据和国家（或地区）收入数据的分析方法，将出口贸易的技术结构的分析推进到产品水平，而克服了在产业水平上传统分析方法存在的问题，具有十分重要的意义。但是，这些新近出现的方法还存在一些不足：一是对产品技术含量的赋值完全建立在国际贸易数据和各国（或地区）收入的基础上，即根据产品在各国（或地区）的贸易分布决定产品的技术含量，忽略了产品的贸易分布与生产分布之间的差异；另外，产品的技术含量赋值权重也存在争议。二是仅仅根据产品的数目对产品进行分组归类，缺乏一定的客观标准而具有随意性。各子类产品之间规模不同，所以按照相同数目的子类产品归总得来的大类产品规模本身不具有可比性。三是经济体出口贸易篮子的整体技术水平与技术结构高度没有进行严格的区分，容易误将技术水平的提高看作技术结构的提高。四是以上文献仅仅分析了中国个别年份出口贸易的技术结构，不能揭示改革开放以来，中国出口贸易技术结构及其变迁的全貌以及在不同阶段可能存在的不同特征。

本书试图建立产品技术含量的新测度指标，并以该指标为基础，建立分析一个国家（或经济体）出口贸易技术结构的一套工具，以克服上述方法存在的缺点，并应用这些工具分析自 1980 年到 2003 年中国出口贸易技术结构及其变迁过程。

6.3 出口贸易的技术结构——一种分析方法

一个经济体出口贸易的技术结构的分析可以分为两个大的步骤：第一步，确定每一类出口产品的技术含量；第二步，根据经济体在不同技术含量产品上的出口份额，分析出口贸易的技术结构。这样对出口贸易的技术结构分析就是建立在产品水平上，克服了传统的产业水平上分析方法的缺陷。

6.3.1　产品的技术含量指标——新假设和新方法

LJZ 提出的计算产品复杂性指数的假设为：一类产品越由高（低）收入国家出口，该产品的复杂性越高（低）。但是，确定某类产品的技术含量不能仅仅根据由哪个国家出口，而应该根据由哪个国家生产。本书将计算产品的技术含量的假设重新确立为：一类产品越在高（低）收入国家生产，该产品越具有高（低）技术含量。其基本逻辑是，高收入国家生产的产品如果没有高技术含量，其生产就难以支付高的劳动力成本，最后就会被转移到低收入国家生产。在该假设下，产品的技术含量指标仍然是生产该类产品的各国收入水平的加权和，但权数为各国在该产品的世界总产出中的份额，即产品 j 的技术含量指标 TC_j 为：

$$TC_j = \sum_{i=1}^{n} ps_{ij} \cdot Y_i$$

其中，Y_i 为国家（或地区）i 的人均收入，ps_{ij} 为国家（或地区）i 生产产品 j 的世界份额，即赋值权重。

产品的技术含量指标与"复杂性指标"的不同在于，前者以产品的总生产在世界各国的分布为计算权重，而后者以产品的总出口在世界各国的分布为计算权重。两种权重之间存在显著差异。比如美国的国内市场大，其生产的产品就会有较大的比例在国内市场上进行交易，而越南国内市场小，其生产的产品就会有相对较高的比例在国际市场上交易。前者的大部分生产不能体现在国际贸易份额中，而后者的大部分生产却体现在国际贸易份额中，即各国产品的对外贸易倾向不同。这就造成了贸易份额与生产份额之间的差异。由于世界各国的经济规模和国内市场都相差悬殊，各国产品的对外贸易倾向就会有巨大差异，从而各种产品的贸易分布必然与生产分布相差悬殊。所以，根据产品在各国上的贸易分布，不能准确地得到该类产品的平均技术含量。

在实际计算中，生产的世界份额 ps_{ij} 的数据不能直接得到，但可以采用近似计算。某类产品的世界总产出在各国的分布之所以与总出口在各国的分布不同，主要是因为不同国家的出口倾向不同。所以，在各国的出口份额的基础上，经过出口倾向调整，可以得到各国生产份额。由于不能得到每一类产品的出口倾向的数据，而只能得到国家总产出的出口倾向，即出口贸易依存度，所以，以出口贸易依存度近似代替各类产品的出口倾向。于是，各国在各类产品世界总生产中的近似份额 ps'_{ij} 为：

$$ps'_{ij} = es_{ij} \big/ td_i$$

其中，td_i 表示国家（或地区）i 的贸易依存度。由于近似计算的原因，该指标的总和不等于 1，所以需要对其进行标准化，得到计算产品技术含量中的权重 w_{ij}，即：

$$w_{ij} = ps'_{ij} \bigg/ \sum_{i=1}^{n} ps'_{ij}$$

故产品 j 的技术含量指标的实际计算公式为：

$$TC_j = \sum_{i=1}^{n} w_{ij} \cdot Y_i \qquad\qquad (*)$$

本书称之为可计算的产品 j 的技术含量指标，可将它看作对产品复杂性指标的修正，简称产品的技术含量，也记为 TC。这样得到的是产品技术含量的美元值。

该指标对复杂性指标的改进体现以下两点。第一，相对于复杂性指数等指标，产品的技术含量指标 TC 对技术含量的测度更为准确，因为构建产品的技术含量指标的假设基础更为合理。第二，产品的技术含量指标 TC 克服了复杂性指数等指标的时间不可比性。在 SITC 三位码分类下，LJZ 比较了 2003 年与 1990 年各类产品的复杂性指数，发现在计算的 181 类产品中，只有 18 类产品的复杂性指数得到提高，其他各类产品的复杂性指数都下降了。这显然是与世界技术进步不相符的。[①] 因此，LJZ 进一步指出复杂性指数不具有时间上的可比性，但没有解决这一问题。实际上，1990～2003 年，世界贸易发展的一个特征是，发展中国家越来越占据更大的份额，而发达国家越来越占据更小的份额。同时，发展中国家的收入水平却没有相应幅度的提高，从而导致了多数产品的复杂性指数随时间而下降[②]。换句话说，由于产品出口在各国的分布与产品生产在各国的分布不仅存在偏离，而且这种偏离随着时间的变化而变化，所以，产品的复杂性指数在不同时点上不具有可比性。这就限制了对一个经济体出口技术结构及其变化趋势的考察。[③] 但本书提出的产品的技术含量指标建立在产品的生产分布的基础上，从而克服了这种出口分布与生产分布不一致引起的时间不可比性，为分析经济体出口技术结构的变化趋势奠定了基础。

6.3.2　出口贸易的技术结构分析

利用上述在详细分类下得到的各产品技术含量指标，可以准确分析一个经济体出口贸易的技术结构，克服传统产业水平下或粗略的产品分类下，对出口贸易的技术结构不能进行有效分析的问题。本书认为对一个经济体出口贸易的技术结构分析可以包括三个方面，

---

① 随着时间的推移，世界技术不断进步，世界各国收入水平普遍提高，这意味着产品的技术含量会得到普遍的提高，所以，大部分产品的技术含量指标应该提高。当然，不排除也有这样一些产品，其技术逐渐成熟并推广开来，原本包含的新技术所带来的垄断利润逐渐消失，其生产逐渐由高收入国家转移到低收入国家，这种转移效应也会使该部分产品的技术含量表现出下降的趋势。但总体看来，多数产品的技术含量会增加，少数产品的技术含量会减少。

② 例如，在 1990 年发展中国家总出口的世界份额为 24.26%，在 2003 年则上升到 33.46%；数据来源于世界银行 WDI。发展中国家的人均收入显然没有如此大的提高。

③ PRODY 指标也存在同样的问题，见 HJR 中对经济体出口贸易的整体技术水平的计算结果。

即出口贸易的技术结构分布，出口贸易的整体技术水平，以及出口贸易的技术结构高度。

1. 出口贸易的技术结构分布

一个经济体出口贸易的技术结构分布是该经济体在不同技术含量产品上的出口份额。所以，结合一个经济体在每类产品上的出口份额和相应产品的技术含量指标，就可以直接考察该经济体出口贸易的技术结构分布情况。但是，由于产品的类别数非常多，例如在 SITC 的三位码分类水平下，有大约 239 类产品，在 HS 的六位码下，则达 5000 多类产品。在实际考察一个经济体出口贸易的技术结构时，进行如此细致的考察往往过于烦琐，也没有必要。一般需要将所有的出口产品分为几个大类，比如归总为 k（$<m$，m 为详细分类下产品的类别数）大类。按照每类产品的技术含量指标，将详细分类下的各产品重新归总可以有不同的方法（例如见前文注释 LJZ 的方法），不同的归类方法往往严重影响分析的结论。

本书提出一种新的归总方法。首先对产品按照其技术含量进行大小排序，得到各产品新序号，记为 h。h 越小表示该类产品技术含量越高，反之，则技术含量越低。第 l 大类产品包含序号 $h \in (h_{l-1}, h_l)$ 的所有产品，其中，$l = 1, 2, \cdots, k$，且令 $h_0 = 1$，h_l 使得 $\sum_{h=h_{l-1}}^{h_l} es_{wh} = \frac{1}{k}$，$es_{wh}$ 表示产品 h 在世界总出口中的份额。于是经济体 i 第 l 大类产品的出口份额为：

$$ES_{il} = \sum_{h=h_{l-1}}^{h_l} es_{ih}$$

其中，es_{ih} 为经济体 i 在产品 h 的出口份额。显然，l 越小，表示该类产品的技术含量越高；反之，越低。显然，把世界看作一个经济体，则世界在所有 k 大类产品上的份额都等于 $\frac{1}{k}$。也就是说，这种分类方法是以世界的出口结构为基准，来决定有多少产品归入各大类产品的，所以，对任意一个国家（或经济体）出口贸易的技术结构的分析，便有了一个合理的参照，避免了划分高、中、低技术产品的任意性。k 取值的大小可以根据实际需要而定。例如，在对出口贸易的技术结构的实际分析中，往往把所有产品分为高技术、中偏上技术、中等技术、中偏下技术和低技术五类，则 $k = 5$。显然，对于整个世界出口，高技术、中偏上技术、中等技术、中偏下技术和低技术五类产品的份额都为 20%。

该归类方法克服了现有文献中简单地按照产品类别数进行归类所带来的问题。在 SITC 分类下，各出口产品的世界份额相差悬殊，按照相同的产品数目归类后得到的大类产品的份额也会相差悬殊，从而不能直接根据各大类的出口份额的多少，判断一个经济体的出口结构的高低。在本书的归类方法下，出口贸易的技术结构分布，是以全世界出口贸易的技术结构为基准的。如果一个经济体在高技术类产品的份额大，低技术类产品的份额小，则直接意味着该经济体的出口贸易的技术结构在世界平均水平以上。

为了直观地显示一个经济体出口贸易的技术结构，可以按照图形的形式描述出口贸易的技术结构分布。例如，将出口份额描绘在直角坐标系中，得到一个经济体出口贸易的技术结构分布图，其中，纵轴为各大类产品的出口份额，横轴为各类产品的技术含量或等级（见附录附图 6 - 1。需要说明的是，附录是由进行归总前的原始数据得到的分布图）；也可以将一个经济体出口贸易的技术结构分布显示为柱状图。本书采用了柱状图，因为利用柱状图更方便于在多个经济体之间，或者一个经济体在多个年份之间进行比较（例如图 6 - 1 和图 6 - 2）。通过这种比较，可以对一个经济体出口的技术结构有一个准确的认识。

显然，技术结构分布（图）中的各大类产品，是按照所有子类产品技术的高低重新归类而来的，大类中的子类产品的技术水平一致地高于或低于其他大类中的子类商品的技术水平。所以，出口贸易的技术结构分布，克服了按照传统产业进行分类对技术结构测度所存在的问题，从而能够准确测度经济体出口贸易的技术结构分布。

2. 出口贸易的整体技术水平

一个经济体出口贸易的整体技术水平，即该经济体出口篮子的整体技术水平，可以定义为该经济体所有出口产品技术含量的加权和，其中权数为各类产品的出口份额，记为 ETC。

$$ETC = \sum_{j=1}^{m} TC_j \cdot es_j$$

其中，es_j 表示某经济体在产品 j 上的出口份额，m 表示所有产品的类别总数，$j = 1，2，\cdots，m$。利用出口贸易篮子的整体技术水平指标，可以横向比较不同经济体出口贸易的整体技术水平，考察该经济体出口贸易的整体技术水平相对高低，也可以考察一个经济体在某个时期内，出口技术水平的变化趋势或技术进步情况。

3. 出口贸易的技术结构高度

某个技术含量在一个时期可能意味着高技术含量，但随着时间的推移和世界技术水平的普遍提高，在另一个时期则可能只意味着低技术含量。换句话说，一种产品是高技术产品还是低技术产品，即"技术高度"，不仅仅决定于该产品本身的技术含量，而决定于该产品技术含量相对于同时存在的其他产品的技术含量。于是定义产品的技术高度指数为：

$$TCI_j = (TC_j - TC_{\min}) / (TC_{\max} - TC_{\min})$$

其中，TCI_j 表示产品 j 的技术高度指数，TC_j 表示产品 j 的技术含量，$TC_{\max}$ 和 $TC_{\min}$ 表示与产品 j 同时期所有产品的技术含量的最大值和最小值。

利用产品的技术高度指数，一个经济体出口贸易的技术结构高

度可以定义为该经济体出口产品的技术高度指数的加权和，权数为
该经济体各产品的出口份额，记为 ETCI：

$$ETCI = \sum_{j=1}^{m} TCI_j \cdot es_j$$

一个经济体出口贸易的技术结构高度指数剔除了世界共同的技
术进步带来的技术结构升级；该高度指数随时间的变化，反映了相
对于其他经济体，该经济体出口贸易技术结构的升级变化趋势。如
果出口贸易的技术结构高度提高，意味着该经济体出口的技术结构
实现了升级，否则，意味着该经济体在自由贸易中，产业被低端化。
所以，该指标在国际贸易理论和发展经济学中具有重要意义。

6.4　中国出口贸易的技术结构及其变迁

中国出口贸易的技术结构或整体技术水平这样一个深受关注的
问题，在经济政策实践部门和学术界都存在着不同的观点。许多文
献（例如，Lall et al. , 2006；Schott，2006；Rodrik，2006；樊纲等，
2006；Xubin，2006；魏浩等，2005 等）也对此作了分析。这些文献
利用不同的方法分析了中国出口的某些部门（例如制造业部门等），
或在某个时期中国出口贸易结构某些方面的变化。由于本书中已经
对各文献作了相关评述，为节省篇幅，在此不再重复。下面应用本
书提出的分析出口贸易技术结构的一套新工具，从国际比较的角度，
试图较全面地分析改革开放以来中国出口贸易的技术结构及其变迁，
以便对中国出口贸易的发展形成一个准确的认识。

6.4.1　原始数据

根据上文提出方法，本书分析中国出口贸易的技术结构需要如
下原始数据：全世界所有国家（或地区）的人均收入（即人均

GDP)、GDP，以及 SITC2 三位码分类水平上各产品的出口贸易额。除特别说明外，本书采用的原始数据全部来源于联合国贸易发展委员会（UNCTAD）的国际贸易分类统计数据库和世界银行的 WDI 数据库。各国（或经济体）各类产品的贸易数据采用当前美元价，各国（或经济体）GDP 采用 PPP 当前价，人均 GDP 采用 2000 年 PPP 不变价（其他关于原始数据的说明可见附录）。

6.4.2 各类产品的技术含量

SITC 分类下的第八类和第七类一般被认为具有较高的技术含量，同时，在中国出口结构中，这两类产品占据大部分份额，2003 年则高达 71%，这往往被认为是中国出口具有较高技术结构的证据。本书对 2003 年的计算结果（见附表：部分产品的技术含量指标及中国产品的出口份额）显示：在第八类（即杂项制品类）产品中，共有 28 类子类产品，其中低于中等水平的有 15 类；在第七类（即机械及运输设备类）产品中，共有 44 类子类产品，其中低于中等水平的有 11 类。这里中等水平是指 2003 年所有 237 类产品的技术含量指标的中位数；而且容易看出各子类产品的技术含量之间相差悬殊，最低的"844 类"产品的技术含量仅为 5450 美元，最高的"896类"产品的技术含量高达 30600 美元。这都说明被认为高技术产品的大类中，确含有许多低技术含量的子类产品。简单计算可以得出，2003 年中国在这两类产品出口中，技术含量指标处于中等水平以下的产品占 62%，处于中等以上仅占 38%，这进一步说明了中国出口产品多是大类产品中的低端产品。对于其他年份的分析（略），可以得出类似的结果。以上充分说明了在垂直化专业分工日益加深的情况下，对产品的传统分类难以捕捉产品的真实技术含量，或者说，在传统粗略的分类水平或产业水平上，对一个经济体出口贸易的技术结构分析容易得出严重误导性的结果。由于篇幅所限，从 1980 年到 2003 年各年的全部 237 类产品的技术含量略。①

6.4.3　出口贸易的技术结构分布

1. 中国出口贸易的技术结构仍然偏低

图 6 - 1 显示了 2003 年中国、世界、发达国家、发展中国家、东盟、美国、印度、韩国和最不发达国家②等 9 个经济体出口贸易的技术结构分布图。各分布图以世界出口贸易的技术结构为基准，故世界出口贸易的技术结构表现为五类产品的出口份额都为 20%。由图 6 - 1 可以看出，相对于世界出口贸易的技术结构，中国低技术产品、中低技术产品和中等技术产品的出口份额仍然高达 90% 以上，占据绝对地位。与图 6 - 1 中所有其他国家或经济体相比，中国出口的突出特点是中等和中低技术产品的出口占据最大的比例。与发展中国家和东盟相比，中国出口技术结构的差距主要表现于中高技术产品出口份额小。与韩国、发达国家和美国相比，中国出口技术结构的差距则进一步表现在高技术产品所占比例小。但是，与印度和最不发达国家相比，中国出口技术结构明显较高，主要表现在中国

---

① 为了与 LJZ 的复杂性指数比较，本书比较了 1990 年与 2003 年各类产品的技术含量指标，发现在所有的 237 类产品中，有 64 类产品的技术含量指标下降，173 类产品的技术含量指标上升，有一类产品的技术含量指标保持不变。相对于 LJZ 所构造的复杂性指数（见前文），该结果更符合世界技术进步的事实，说明本书的产品的技术含量指标具有更好的时间可比性。

② 按照国际贸易发展委员会的统计口径，发达国家包括美国、加拿大、欧盟各国、日本、以色列、澳大利亚、新西兰以及其他发达欧洲国家，东盟包括柬埔寨、文莱、越南、新加坡、印度尼西亚、老挝、菲律宾、马来西亚和缅甸 9 个国家，发展中国家包括阿尔及利亚等约 155 个国家和地区，最不发达的国家包括安哥拉等 48 个国家和地区。为了与 LJZ 的复杂性指数比较，本书比较了 1990 年与 2003 年各类产品的技术含量指标，发现在所有的 237 类产品中，有 64 类产品的技术含量指标下降，173 类产品的技术含量指标上升，有一类产品的技术含量指标保持不变。相对于 LJZ 所构造的复杂性指数（见前文），该结果更符合世界技术进步的事实，说明本书的产品的技术含量指标具有更好的时间可比性。

已经基本上脱离了低技术产品出口占主导的局面。[①]

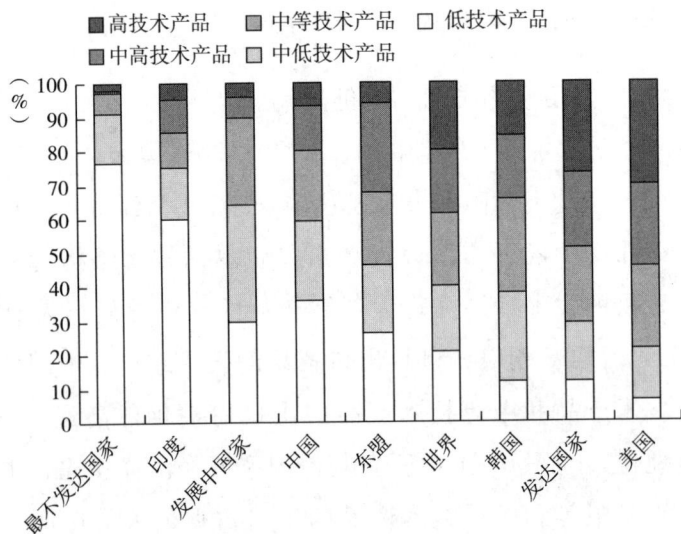

图 6 - 1   出口贸易的技术结构分布（2003 年）

2. 中国出口贸易的技术结构变化与众不同

图 6 - 2 显示了 1980 年各经济体出口的技术结构分布图。对比中国与东盟和发展中国家出口的技术结构分布可以发现，1980 年中国出口贸易的技术结构的一个特点是"两头大、中间小"，即高技术和中高技术产品出口份额大，低技术产品出口份额大，而中低技术和中等技术产品的出口份额小。特别是与发展阶段和收入水平类似的发展中国家和东盟相比，这一特点尤为突出。这似乎与经济发展

[①] 本书结论与 Schott（2006）显著不同。Schott（2006）在"数千种产品分类水平上"计算了 2001 年各个国家（或地区）与 OECD（代表发达国家）的出口相似性指数，发现中国的出口相似形指数远高于新加坡、中国台湾地区、泰国、以色列、中国香港地区等，并认为中国出口产品的"复杂性"明显高于与中国具有类似禀赋的国家或地区。本书认为，Schott（2006）忽略了国家经济规模对出口相似性指数的影响，所以其结论是不可靠的。因为小国生产结构相对单一，出口产品的种类一般远少于大国，根据出口相似性指数的定义（Finger and Kreinin, 1979），小国与 OECD 的出口相似性指数显然远低于大国，而且对产品种类分类越细，国家规模带来的影响越大。

的一般规律不一致，或与当时中国的资源禀赋结构严重不一致。对
比图 6 - 1 和图 6 - 2 可以发现，改革开放以来中国出口贸易的技术结
构发生了重大变化，表现为"中间增加，两端减少"，即中低技术和
中等技术产品的出口份额大幅增加，低技术产品出口份额大幅减少，
同时中高技术和高技术产品的出口份额也明显下降，更加符合中国
作为发展中国家的资源禀赋条件。[①]

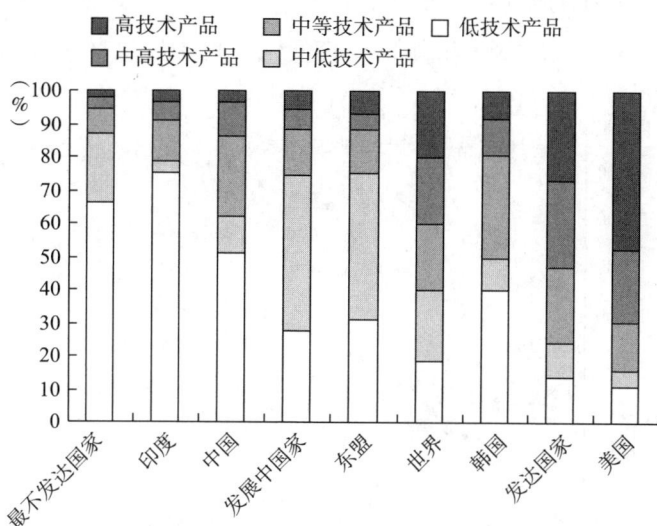

图 6 - 2　出口贸易的技术结构分布（1980 年）

　　反观分别看作一个整体的发展中国家和东盟，它们出口的技术
结构变化都表现为低端产品份额一致减少，高端产品份额一致增加。
所以，中国出口贸易技术结构的这种变化具有与众不同的特点。如
果仅仅关注高端产品出口的变化，易于得出中国出口的技术结构下
降的结论，如果仅仅关注低端产品，则易于得出中国出口的技术结
构上升的结论。

---

① 樊纲等（2006）认为中国出口结构以中等技术附加值产品出口为主，高技术产品有所增
　加。本书的结论与之显著不同，原因在于本书采用了不同的产品技术含量指标以及产品
　的归类方法。

本书附录，在直角坐标系中给出了 1980 年、1992 年和 2003 年中国以及 2003 年世界全部 237 类出口产品未归类前的技术结构分布图，可以与此处的柱状图相互印证。

6.4.4　出口贸易的整体技术水平

出口贸易的整体技术水平测度了一个经济体出口篮子的整体技术水平。图 6 - 3 （a） 显示，中国出口贸易的整体技术水平，不仅远远低于美国和世界的整体水平，而且自 1980 年至 2003 年（除了改革开放之初的 1982 年和 1983 年外）一直低于发展中国家的整体水平。

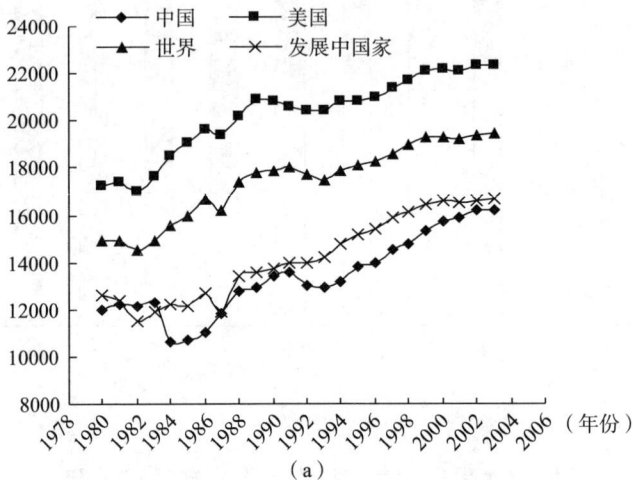

（a）

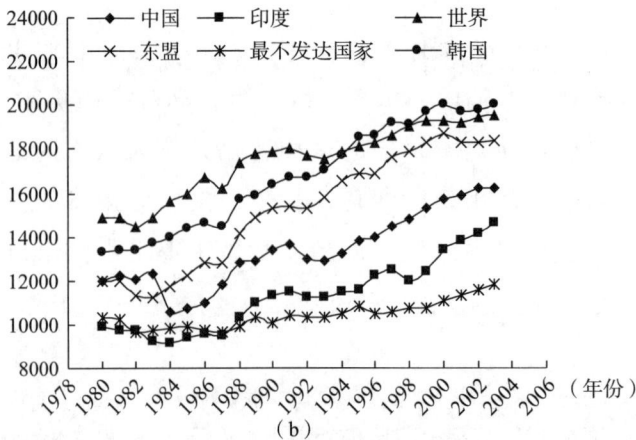

（b）

图 6 - 3　出口贸易的整体技术水平

图 6 - 3（b）显示了韩国、东盟、印度等典型经济体出口贸易
的整体技术水平的变化趋势，因为它们都面临或曾经面临着与中国
类似的发展问题，并一直被作为研究中国问题的参照对象。可以清
楚地看到，只有成功实现经济腾飞的"亚洲四小龙"出口贸易的整
体技术水平，真正向世界平均水平收敛，并最终成功超越了世界水
平，向发达国家迈进[1]；东盟出口贸易的整体技术水平虽然还没有最
终超越世界水平，但明显地表现出向世界水平收敛趋势。但是，中
国出口贸易的整体技术水平仅仅表现出向世界水平微弱的收敛趋势。
改革开放以来，中国的 GDP 和出口额均高速增长，表现出快速向世
界水平收敛的趋势。由此看来，中国经济发展在"量"与"质"上
的表现，的确形成了鲜明的对比。图 6 - 3（b）还显示了最不发达
国家出口贸易的整体技术水平的发展趋势：不仅没有向世界水平收
敛而且差距逐渐拉大。

综合考察图 6 - 3（a）和图 6 - 3（b），可以得出初步的结论：
一是改革开放以来，中国出口贸易的整体技术水平得到了不断提高，
但仍然相对较低，一直低于发展中国家和东盟的水平，仅仅高于印
度的水平[2]；二是中国出口贸易的整体技术水平的发展趋势方面，虽
然没有像最不发达国家那样拉大与世界水平的差距，但其提升速度
既不如"亚洲四小龙"也不如东盟，仅仅表现出微弱地向世界水平
收敛的趋势。

6.4.5　出口贸易的技术结构高度

正如前文指出的，随着世界技术进步，多数产品的技术含量会
上升，只有少部分产品的技术含量会下降，从而一个经济体出口贸

---

① 直观起见，图中仅仅显示了韩国出口产品的技术水平的变化趋势；本书计算的数据显示，
除中国香港地区之外，亚洲四小龙中的另外二个：新加坡和中国台湾地区具有与韩国完
全相同的收敛趋势。
② 本书的贸易数据仅仅指商品贸易，而不包括服务贸易；如果考虑印度的服务贸易比较发
达，结论也许会有所不同。

易的整体技术水平一般会提高。这在一定意义上，意味着该经济体出口的技术结构得到了升级。但是，无论从国际贸易理论和发展经济学的角度，还是在实际的经济考察中，更令人关注的是相对于其他经济体，该经济体出口贸易的技术结构是否得到了提高。这需要考察经济体出口贸易的技术结构高度的变化情况。

1. 中国出口贸易的技术结构高度没有明显的上升趋势

图6-4显示了1980年至2003年，中国，世界，发展中国家，东盟、美国、韩国、中国台湾地区、印度和最不发达国家的出口贸易的技术结构高度指数。从整体上看，自1980年至2003年期间，世界上各不同经济体出口贸易的技术结构具有不同变化趋势：发达国家如美国出口贸易的技术结构下降，少数"成功"国家或地区（例如韩国、中国台湾地区、东盟）出口贸易的技术结构上升，作为整体的发展中国家保持稳定（出口贸易的技术结构高度指数几乎一直稳定在50附近），而最不发达的国家出口贸易的技术结构不但没有提升，反而发生了显著恶化。在这样一个背景下，中国作为最大的发展中国家，在整个1980年至2003年间，其出口贸易的技术结构高度一直低于发展中国家，而且没有像韩国、中国台湾地区甚至东盟那样表现出明显的升级。这再次说明了中国出口贸易在"质"

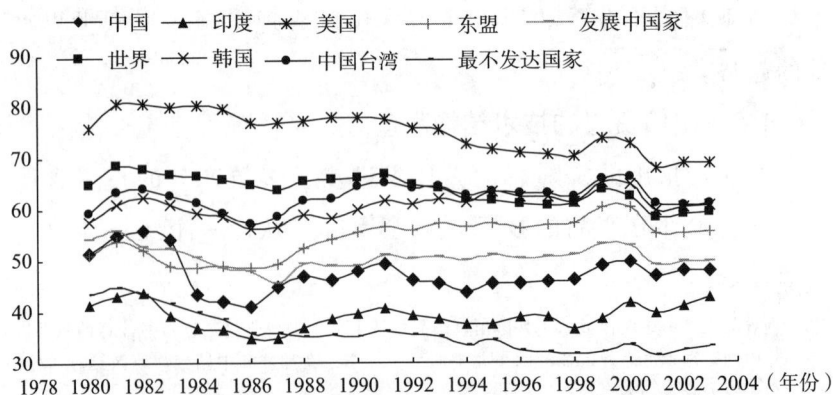

图6-4　出口贸易的技术结构高度指数

上的提升，的确远逊色于在"量"上的增加。

2. 中国出口贸易的技术结构高度变化趋势呈现出阶段性特征

　　虽然整个改革开放期间，中国出口贸易的技术结构基本没有明显的上升趋势，也没有明显的下降趋势，但是中国出口贸易的技术结构的变化趋势却表现出独特的阶段性特征。按照中国出口贸易的技术结构的变化，可以将整个 24 年的改革开放划分为四个阶段：第一个阶段从改革开放之初直到 1986 年，中国出口贸易的技术结构发生了最为剧烈的变化。在改革开放之初的 1980～1983 年，出口贸易的技术结构一直较高，甚至高于东盟和发展中国家的水平，是整个样本区间上的最高值。但随着改革开放的推进，出口贸易的技术结构急剧下滑，直到 1986 年达到整个改革开放期间的最低水平。第二阶段，从 1987 年至 1991 年，中国出口贸易的技术结构呈明显的上升趋势。第三个阶段，从 1992 年至 1994 年，中国出口贸易的技术结构开始了新一轮的下滑。第四阶段，从 1995 年至 2003 年，中国出口贸易的技术结构高度再次上升，上升幅度虽然缓慢，但这是改革开放以来最长的一次上升期。[①]

　　注意到世界其他所有的经济体出口贸易的技术结构都保持了相对的稳定，特别是看作一个整体的发展中国家，在这整个样本区间内，其出口贸易的技术结构高度指数几乎没有发生变化，一直保持在 50 附近，其他经济体则稳定地提高或稳定地下降。所以，中国出口贸易的技术结构高度变化的阶段性特征是独特的。如果忽略了这一独特阶段性特征，而仅仅根据某一个具体时期判断中国出口贸易技术结构的变化趋势，容易得出误导性的结论：要么认为中国出口

---

　　① 自 1998 年至 2001 年，出口贸易的技术结构发生了一次世界范围的较大波动。这次波动几乎遍及世界上的所有经济体，可以判断这次波动是世界性的。所以，在分析中国出口贸易的技术结构波动时，忽略了这次波动。

贸易的技术结构高度一直处于上升趋势，要么认为是一直下降。[①]

综上所述，改革开放以来，中国出口贸易的技术结构变化表现出三个特征：第一，改革开放以来，中国出口贸易的整体技术水平虽然得到了较大提高，但没有表现出像韩国、新加坡和中国台湾地区那样明显的收敛趋势。第二，中国出口贸易的技术结构高度没有表现出像韩国、新加坡和中国台湾地区那样显著的提高，但不同具体时期表现出不同的变化趋势。第三，虽然中国出口贸易的技术结构高度没有显著提高，但是中国出口贸易的技术结构内部发生了重大变化，逐步改变了"中间小、两头大"的格局。

6.5 结论及进一步的讨论

在垂直型产业内贸易日益发展的条件下，选择恰当的分析方法，是有效测度一个国家（或地区）出口贸易技术结构及其变迁的前提。本书通过建立一套出口贸易技术结构的分析方法，研究了改革开放以来中国出口贸易的技术结构及其变迁情况。第一，本书建立了测度产品技术含量的一个指标，提出了一套分析经济体出口贸易的技术结构的新方法，包括出口贸易的技术结构分布，出口贸易的整体技术水平和出口贸易的技术结构高度指数等，第二，利用本书提出的分析工具，通过国际比较，从多个方面分析了 1980～2003 年中国出口贸易的技术结构，并得出了几点结论：改革开放以来，中国出口贸易的整体水平得到了很大提高，但仍然处于较低水平，一直低于东盟以及发展中国家的整体水平，并且仅仅表现出微弱地向世界水平收敛的趋势；中国出口贸易的技术结构高度没有显著提高，但

[①] 进一步分析，作为从计划经济向市场经济转轨的国家，中国国内政策的剧烈变化似乎是出口贸易的技术结构高度剧烈波动的原因之一。这种详细的分析也许可以评价国内政策的作用。

在具体时期表现出不同的趋势，不能以一个阶段的发展趋势而评价中国改革开放以来的总趋势；中国出口贸易的技术结构分布发生了重大变化，且这种变化具有与众不同的特点——处于技术含量高、低两端的产品出口份额都明显下降，而处于中等或中下等技术含量的产品出口份额大幅上升。这意味着，评析中国出口贸易的技术结构变迁，除了有效的测度方法外，还需要分阶段、整体考察，仅仅从中国改革开放的某一个阶段，或者仅仅考察中国出口部门的少数几个行业（例如高技术行业或低技术行业）往往会导致错误的结论。

　　技术因素在经济发展中的作用，是国际贸易理论和发展经济学关注的焦点之一。在整个研究样本区间内，中国出口贸易的技术结构一直没能超越发展中国家的平均水平，也没有实现韩国等新兴工业国的明显提升，这可能意味着中国经济资源禀赋特点不同于亚洲其他新兴工业国（或地区），从而决定了中国需要更长时间的等待，也可能意味着中国许多的对外开放政策需要重大调整，更加关注中国生产技术水平的提高。从谨慎的角度，单从出口结构这个方面还不能就相关政策问题给出充分的回答，而需要结合中国及其他经济体的资源禀赋做进一步的细致考察。另外，作为后发国家，无论东盟还是整个发展中国家，出口贸易的技术结构变化都表现为低端产品份额一致减少，高端产品份额一致增加，而中国出口贸易的技术结构并没有按照该规律变化。这意味着考察中国的出口贸易模式的发展，不仅要关注中国是一个后发国家，还要关注中国是一个转轨过程中的大国，这决定了中国出口贸易的发展模式也许不同于其他的后发国家，未必会重复其他"成功国家"的故事。

第7章　中国经济的技术结构
过高还是过低

——基于适宜技术理论的分析

7.1　引言

提升中国经济的技术结构，增加中国制造的技术含量，是中国当前经济发展的重要话题。新经济增长理论把技术进步看作经济持续增长的源泉。二战以后传统的发展经济学，也都把产业结构和技术结构的差异看作发达经济与落后经济之间的根本差别（迈耶等，1988）。

在市场化和开放条件下，后发国家参与世界分工和贸易，既可能从发达国家获得技术溢出，获得更快的技术进步和技术结构升级，也可能受世界市场的作用而陷入产业低端化陷阱（G. Grossman and E. Helpman，1991）。

林毅夫（1999）从发展战略的角度指出，经济发展的关键在于发挥比较优势，中国奇迹的主要原因可以归结于赶超战略向比较优势发展战略的转变。在比较优势战略下，经济的产业结构和技术结构与经济的资源禀赋结构相符合，不仅经济可以得到最快的增长，而且技术进步和技术结构也可以得到最快的升级。

那么，改革开放30多年以来，考察中国经济的技术结构实际发生了什么变化，对于认识中国经济发展已有的成就和未来的趋势，以及进一步的改革具有重要意义。这就需要关于经济的技术结构的一个测度指标。同时，技术结构的测度是相关经济理论的检验所必需的条件。

在中国经济的技术进步和技术结构的研究文献中，多是分析如何促进，以及何种因素促进技术进步和技术结构升级。对于中国经济的技术结构及其变化趋势的测度这样一个更基本问题，相关的研究，主要包括产业结构的升级分析和全要素生产率的测度。产业结构升级的测度，主要是从三次产业比例变化，或从高新技术产业比例的提高等方面。也有文献在传统的产业水平上（例如国际贸易分类 SITC 一位码）测度了对外贸易部门的技术结构。随着生产分工的不断深化，传统的产业分类下已经不能有效测度技术结构了。近来的文献（如樊纲等，2006；杜修立，2007），在产品（或详细的产业）水平上测度了贸易的技术结构分布及其变化，并在国际对比背景下，分析了中国贸易部门技术结构高度，及其历史变化。

近来的经济增长的适宜技术理论（Basu and Weil，1998；Acemoglu and Zilibotti，2001；Caselli and Coleman，2006）指出，对于经济增长，并不是技术越高越好，采用的技术与资源禀赋结构不相适宜，是欠发达经济不能收敛到发达经济的主要原因之一，与资源禀赋结构相适应的技术进步才最有利于经济增长。比较优势发展战略理论则从经济发展战略的角度指出，赶超战略和比较优势战略下，经济发展之所以具有不同的绩效，原因就在于比较优势战略下，经济的技术结构与资源禀赋条件相适应，而赶超战略下，经济的技术结构与资源禀赋条件不相适应（林毅夫，1999）。

所以，将经济增长的适宜技术理论应用到经济的技术结构分析，就可能为技术结构的分析提供一个全新的视角——经济的技术结构与资源禀赋结构是否相适宜。通过技术结构的适宜性，就能为考察经济技术结构的变化提供一个新的维度，为经济的技术结构高度的判断提供一个标准。在该视角下研究中国经济的技术结构的实际变化，可以进一步理解中国经济已有的成就和未来趋势，能够对中国的改革开放政策产生一个新的评价。本书要研究的问题，就是利用经济增长的适宜技术理论，提出一种分析技术结构适宜性的方法，并应用该方法实际考察中国出口部门的技术结构的变化，进而理解中国经济的成就和问题。

本章具体结构如下：7.2 节基于经济增长的适宜技术理论，提出经济的技术结构适宜性的概念；7.3 节研究了出口部门的技术结构适宜性指数的构建方法；7.4 节利用技术结构的适宜性指数，分析了改革开放以来中国出口部门的技术结构的变化；7.5 节为小结。

7.2　适宜技术与技术结构的适宜性

结构分析是发展经济学的重要分析方法，而经济的技术结构的变化是发展经济学分析的重点。二战以后传统的发展经济学，都把产业结构和技术结构的差异看作发达经济与落后经济之间的根本差别（迈耶等，1988）。传统的发展经济学鼓励欠发达国家政府采取干预政策，直接瞄准缩小与发达国家技术结构的差距（Chenery，1961；林毅夫，2003）。无论新古典经济增长理论（Solow，1956）还是新增长理论（Romer，1986；Lucas，1988）也都认为技术进步是经济持续增长的源泉，技术进步的差异则是欠发达经济不能收敛到发达经济的原因。但是，在发展经济学提出的经济发展的赶超战略下，欠发达国家在一定时期内提高了经济的技术结构，但最终并没有使欠发达经济取得理想的经济发展绩效（林毅夫，1999）。对这一现象，新经济增长理论（Romer，1986，Lucas，1988）不能给出合理的解释，即不能说明为什么欠发达国家赶超战略下即使提高了技术结构，也不能获得理想的发展绩效。

适宜技术的思想首次被（Atkinson and Stiglitz，1969）引入新古典贸易理论，他们提出了"地方性的干中学"（localized learning and doing）的概念。最近，在经济增长理论文献中，适宜技术的概念被重新提出并得到发展，推进了技术在经济增长中作用的研究。所谓适宜技术，是指生产中采用的技术是与特定的投入要素结构相联系的特定技术（Basu and Weil，1998）。由于资源禀赋结构的不同，各国的生产不可能采用相同的技术。由于欠发达国家与发达国家要素禀赋结构（即物资资本、人力资本、劳动力之间的比例）之间存在差异，因此，发达国家的先进技术并不一定适合于发展中国家。Acemoglu 和 Zilibotti（2001）指出，由于这种不适合，欠发达国家不能有效利用先进技术。换句话说，先进的技术并不能带来同样的经济增长绩效。Caselli 和 Coleman（2006）在技术劳动和非技术劳动不能完全替代的假设下，研究了技术与要素投入结构之间的匹配对经济效率的影响，并通过经验研究发现发达国家和不发达国家采用的技术存在差异，即"技术偏斜"（skill bias）[①]。发达国家的技术要求技术劳动投入与非技术劳动投入之比较高，所以，如果采用类似于不发达国家的投入结构，经济效率就会降低，或者是无效的。换句话说，如果不发达国家直接采用发达国家的技术，不发达国家只能有一个较低的经济效率。该文献考察的是投入结构中的技术劳动与非技术劳动方面，林毅夫（2006）侧重分析了投入结构的资本与劳动的方面。这些关于经济增长的适宜技术理论方面的文献，实际上，为赶超战略下经济的技术结构可以提高，但经济发展绩效不理想提供了一种理论解释。

　　由于世界从事许多种（几乎是无穷多）产品的生产，各种产品的技术水平互不相同，在不同国家生产的同种产品的技术含量也不

[①]　这里的技术偏斜是与技术进步的希克斯非中性相联系的概念。所谓偏向技术的希克斯非中性的技术进步是指，与采用原来的要素投入结构相比，采用更多的技术劳动，经济会更有效率。

相同①。有的产品属于高技术产品，有的是低技术产品等。所以，经济增长的适宜技术理论建议，各国应该根据自己的资源禀赋条件，在这些产品中，选择技术水平最适宜的产品进行生产。一个国家当然不会集中在一种技术水平的生产上。因为，除了与资本和劳动以及技术劳动和非技术劳动之间的结构相适应外，一国从事的生产还要与其自然资源条件相适应。另外，交易成本的存在也要求一个国家或地区从事多种产品的生产，而不能完全专业化。这里的交易成本包括运输成本，也包括信息不对称等带来的成本（当然，政治环境和贸易环境也带来交易成本）。所以，一个国家实际会从事多种产品，多种技术水平的生产，这就形成了一国经济的技术结构。所谓一个国家的技术结构可以定义为，与各种技术水平相联系的产品的产出比例结构或分布。

在交易成本和自然资源禀赋相同的条件下，根据经济增长的适宜技术理论，经济的技术结构应该与其资源禀赋条件相适应。换句话说，给定一个资源禀赋条件，对应一个适宜的技术结构，该技术结构下，经济效率最高，其中包括经济的静态效率和动态效率。本书把这样的技术结构称为适宜技术结构。

显然，适宜技术结构是技术结构的一种理想状态。一般的，一个国家的实际技术结构与其适宜技术结构不会完全相同。如果一个国家的实际技术结构不同于适宜技术结构，那么该国的生产存在技术选择偏差。一个国家的实际技术结构与其适宜技术结构越相似，这种偏差越小；越不相似，偏差越大。于是，一个国家实际的技术结构与其适宜的技术结构的相似性，可称为该国经济技术结构的适宜性。根据经济增长的适宜技术理论，一个国家的技术适宜性越高，

---

① 在不同国家生产的同种产品的技术含量也不相同。当然，如果能够将产品划分到理论上的德布勒商品，则不存在这种情况。

其经济效率越高，其中包括经济的静态效率和动态效率。

7.3　技术结构适宜性的测度
——基于出口贸易数据的方法

技术结构适宜性的测度无论是对于适宜技术理论本身的经验检验，还是在适宜技术的框架下，解释经济增长现象和制定相应的经济政策等都具有重要意义。

林毅夫（2003）对这一测度进行了尝试。他将制造业部门的实际技术选择指数定义为制造业部门资本劳动比率与整个国民经济的资本劳动比率之间的比值。制造业部门的最优技术选择指数预期是经济发展阶段和自然资源相对丰裕度的函数。但是，该文献没有实际给出制造业部门的最优技术选择指数，所以，也就不能对经济的技术结构的适宜性给出直接的测度。另外，这种测度仅仅以制造业资本密集度为基础，并不代表经济技术结构的全部图景。这种测度仅考虑的资源禀赋结构的资本与劳动方面，而没有考虑技术劳动与非技术劳动的方面，即对资源禀赋结构的考虑是不完备的。所以，技术适宜性对经济增长的作用，很难用该指标进行比较充分的分析，也不能用该指标分析一个经济的技术结构的全景。Caselli 和 Coleman（2006）虽然利用技术劳动相对于非技术劳动的边际产出，分析了发达国家与欠发达国家之间的技术存在"技术偏斜"，但也没有给出技术适宜性的测度指标。

所以，由于技术适宜性概念的抽象性，以及经济数据可得性的限制，目前一直没有一个合适的测度方法。本节的任务就是试图给出技术结构适宜性的一个直接测度方法。

根据第二部分，一个国家技术结构的适宜性，可以通过该经济的实际技术结构与其适宜技术结构的相似性进行测度。所以，一国经济的技术结构适宜性的测度，可以按照如下步骤进行：首先测度该经济的实际技术结构，然后，测度该经济的适宜技术结构，最后，根据以上两个结构分布的相似性，测度该国技术结构的适宜性。

7.3.1 经济的技术结构：基于出口部门的测度

由于整个国民经济的技术结构的测度受到数据可得性的限制，至多分析国民经济的少数几个生产部门的技术结构，或者只能在十分粗略的产业分类水平上分析国民经济的技术结构。Lall（2006）、杜修立（2007）指出在现代生产的分工日益深化，产业链条越来越长的形势下，这种粗略分类基础上的技术结构分析会带来颠覆性的误差，并进而在产品（或十分详细的产业分类）水平上，给出了出口部门的技术结构的一种测度。该测度的基本步骤是，首先，基于世界各国国际贸易详细的分类数据，以及人均收入数据，确定各种对外贸易产品的技术含量[①]，其次，计算各种（类）产品在出口总额中的比重，最后，根据技术水平的大小，把产品重新归为若干（比如 k）个大类，并计算每大类产品在出口总额中的比重，得到整个出口部门的技术结构的分布，记为 $es_j(l)$，其中 j 表示国家，l 表示技术水平，$l = 1$，2，$\cdots$，k。显然，该分布可以看作是一种概率分布。具体细节略。对产品重新归类可以减弱国家规模大小对技术结构分布 $es_j(l)$ 的影响。

本书采用这种方法测度出口部门的技术结构，并将其作为对国内生产的技术结构的近似。之所以能作这种近似，是因为：第一，出口贸易实际是国内贸易的延续，出口部门的生产结构基本上反映了国内相应生产部门的生产结构；第二，出口部门包含了所有的可

---

① 确定产品技术含量的类似方法还见于 Rodrik（2006），Lall（2006），樊纲、关志雄、姚枝仲（2006）。

贸易部门，具有较广的生产部门覆盖面。第三，对外贸易政策也基本与国内政策的变化相一致。

当然，出口部门只涉及国民经济的可贸易部门，而不可贸易部门完全不被反映，所以，出口部门的技术结构并不是整个国民经济生产的技术结构的全景式反映。同时，出口还受国际市场的影响。所以，本书的结果的应用范围如果退化到出口部门，所得结论会更稳健。但是，在本书下面的分析中，仍然对这种区别不做额外的考虑。

7.3.2　经济的适宜技术结构

测度一个国家技术结构的适宜程度，在得到其经济（或出口部门）的实际技术结构后，还要得到该经济的适宜技术结构。该经济体的实际技术结构与适宜技术结构越相似，该经济的技术结构越适宜；反之，越不适宜。方便起见，要计算技术结构适宜性的国家，称为目标国家。

理论上的适宜技术结构是未知的，但是可以对其进行估计。首先要选择一些样本国家，利用样本国家的技术结构估计目标国家的适宜技术结构。通过样本国家的细致选择，可以得到目标国家适宜技术结构的充分准确的估计。

（1）样本国家的选择。

"没有任何国家可以不需要来自睿智政府的积极刺激就能够实现经济进步……另一方面，现实中存在大量政府损害经济生活的实例……"（刘易斯，1955）。战后世界经济发展的实际经验，也被用来说明高度的计划经济体制下形成的技术结构不利于经济的长期发展。现代经济发展学，无论是市场派还是干预派，都同意的一点是，无论有无政府干预，市场经济必然是技术选择的基础。所以，选择样本国家时，遵循的第一条原则是剔除实行高度计划经济体制的国家。

与适宜技术结构相联系的资源禀赋结构主要是指资本与劳动之间以及技术劳动与非技术劳动之间的结构,自然资源差异对技术结构的影响,不是适宜技术结构关注的重点。所以,选择样本国家的第二条原则是剔除自然资源条件存在巨大差异的国家。

经济规模的大小对出口结构具有一定的影响,特别是经济规模十分小的经济体,其出口结构可能十分不完备,而仅仅集中于少数几种产品的出口。这种国家的出口技术结构显然不能代表适宜技术结构。所以,选择样本国家的第三条原则是,剔除经济规模过小的国家。

(2)基准国家的选择。

人均 GDP 水平是对资源禀赋结构充分近似。高收入国家的资本与劳动之比、技术劳动和非技术劳动之比都会比较高;低收入国家则相反。根据定义,经济的适宜技术结构是与该经济的资源禀赋结构相联系的,所以,也是与该国的人均 GDP 相联系的。

样本国家中与目标国家人均 GDP 类似的国家称为基准国家。基准国家的技术结构的平均称为基准技术结构。由于出口受到国际市场波动的影响,在样本国家中要求选择适当数目的基准国家,以保证适宜技术结构估计的稳健性。可取的方法是,选择人均 GDP 处于目标国家人均 GDP 的一个邻域内的所有的样本国家为基准国家。由于经济规模的大小对出口结构具有一定的影响,选择基准国家的数目时,还可考虑目标国家经济规模的大小。①

---

① 根据适宜技术理论,一个国家接近于适宜技术结构,其增长速度会较快。为了反映这一点,可以按照如下两种方式改进样本国或基准国家的选择:第一种方式,样本国家的选择过程,剔除经济增长慢,甚至负增长的国家;第二种方式,根据一个稍高于目标国家人均 GDP 构造基准国家的选择邻域。因为,这样做会限制邻域的宽度,从而限制基准国家的数目,进而降低对适宜技术结构估计的稳健性。在本书的应用部分,即第四部分,没有做这种处理。但这会低估适宜技术结构,从而得出中国经济的技术结构偏高的结论。在这种情况下,结果仍然显示中国经济的技术结构在 1996 年以后就已经过低了。所以,这一结论是稳健的。

根据样本国家和基准国家的选择，可以看出基准技术结构是适宜技术结构的估计。基准技术结构分布记为 $es_c^a(l)$，即

$$es_c^a(l) = \sum_b ex_c^b(l) \Big/ \sum_l \sum_b ex_c^b(l) \qquad (1)$$

其中，ex 表示出口额；l 表示技术水平；$l = 1, 2, \cdots, k$；b 表示基准国家。

实际上，基准技术结构与理论上的适宜技术结构存在一定的差异。但是，通过对基准国家的细致选择，可以减少这种差异，使得基准技术结构可以作为适宜技术结构充分的近似。建议在选择样本国过程中，在所有国家中删除以下三类国家：原苏东地区等实行计划经济的国家，欧佩克组织等以石油为主要出口产品的国家，经济规模（以人口规模测度）过小的国家。建议以下标准选择基准国：在样本国中，选择人均 GDP 处于目标国人均 GDP 的一个邻域内的所有国家，而邻域半径为样本国人均 GDP 的一个标准差。

7.3.3　技术结构的适宜指数

一个国家（出口部门）技术结构适宜指数定义为该国出口部门技术结构分布与基准分布的相似性，记为 TAI，即

$$TAI_c = \sum_l \min [es_c(l), es_c^a(l)] \qquad (2)$$

其中，c 表示目标国，min（·）为极小值函数，$l = 1, 2, \cdots, k$。

容易证明，任何国家的技术结构适宜指数 TAI 取值为 0 ~ 1，越接近 1，表示该国的技术结构越接近于适宜技术结构，越接近 0，表示该国的技术结构与适宜结构之间的偏离越大。

正如上文指出的，国家经济规模的大小，影响经济体系的完备性。经济规模越大，经济体系越完备，出口产品的种类越多；反之则反。这会进一步影响技术结构适宜指数的取值，产品分类越细，

目标国与基准国之间经济规模的差异（虽然去掉了经济规模过小经济体），对技术结构适宜指数的影响就越强烈。为了使得技术结构适宜性指数集中反映技术结构的相似性，而不受经济结构完备性的影响，公式中的分类数目 k，应该取适当大小的值，而不宜过高。本书建议 k 取 50。[①]

7.3.4 技术结构偏离指数

经济的技术结构既可能是市场选择的结果，也可能是政府发展战略的结果，所以，技术结构既可能过低（如内生增长理论所指出的，陷入发展陷阱，产业结构低端化），也可能过高（如计划经济体制下，或某些政府主导的发展模式，实施赶超战略，而使技术结构在短时间内迅速提高）。

经济的实际技术结构，无论是高于还是低于适宜技术结构，都意味着技术结构的偏离。技术适宜性指数可以测度这种偏离的程度，但是，不能测度这种偏离是正偏离还是负偏离，即相对于适宜技术结构，实际技术结构是过高还是过低，技术结构适宜指数完全没有反映。对技术结构偏高还是偏低的判断，往往是技术结构考察的重要方面。所以，需要构建一个新的指数，它不仅能够测度技术结构的偏离，还能够反映这种偏离的方向，这样的指数

---

① 国际贸易分类标准下，产品分类十分详细，如 SITC 三位码下约有 237 种（类）产品，HS 十位码下约有 5000 种产品。所以，在比较两个技术结构分布的相似性之前，将技术结构分布按照每种产品技术含量大小重新归为较少数目的大类，例如本书归为了 50 类。值得注意的是，这里是先得到产品详细分类下的技术分布，然后重新集结归类，而不是直接在一个粗略的国际贸易分类标准下（如 SITC 一位码或二位码）得到技术结构分布，这是十分关键的。因为，国际贸易模式早已经突破产业间贸易，产业内贸易特别是垂直型产业内贸易成了国际贸易的重要成分。在经济全球化的背景下，人们争论的一个焦点正是欠发达国家会不会在逐渐被低端化到各产业链内的低端阶段。直接在粗略的产业分类或国际贸易产品分类下，会对技术结构分布的测度带了颠覆性的误差（杜修立，2007；Lall，2006）。所以，本书的处理方法，既考虑了国际贸易模式特征，又能够克服国家经济规模对相似性指数的影响。

可称为技术结构偏离指数。下面给出技术结构偏离指数的构建方法。

首先，技术结构分布的累积分布曲线代表了技术结构分布的高度，称之为技术结构高度曲线[①]，记为 $ces_c(l)$、$ces_c^a(l)$，即

$$ces_c(l) = \sum_{i=1}^{l} es_c(i) \tag{3}$$

$$ces_c^a(l) = \sum_{i=1}^{l} es_c^a(i) \tag{3'}$$

其中，i 和 l 表示技术水平，$l=1, 2, \cdots, k$；$ces_c(l)$ 表示目标国家的技术结构累积分布，$ces_c^a(l)$ 表示基准技术结构的累积分布。

如图 7-1，如果一个国家仅出口（或生产）一种技术水平最高的产品，则其技术结构高度曲线为 OAM，如果一个国家仅出口（或生产）一种技术水平最低的产品，则其技术结构高度曲线为 OBM，如果一个国家出口（或生产）产品中，高技术水平的产品比重大，则靠近原点 O 的部分越平坦，其技术结构高度曲线如 OCM。如果一国出口（或生产）产品中低技术水平产品比重大，则靠近 M 点的部分越平坦，其技术结构高度曲线如 ODM。如果一个国家出口（或生产）产品中，中间技术水平的产品比重大，而低技术产品和高技术产品比重小，即技术结构分布类似于正态分布，则其技术结构高度曲线如 OEFM。

显然，两个技术结构越相似，则它们的技术结构高度曲线越相似。技术结构高度曲线上方的面积越大，该技术结构中的高技术产品越多，低技术产品越少；反之则多。即技术结构高度曲线上方的阴影图形，具有两种信息：其形状反映了一个国家出口（或生产）的技术结构，而其面积是对该技术结构高度值的反映。

---

① 这一点受到了洛仑兹曲线和樊纲等（2006）的启发。

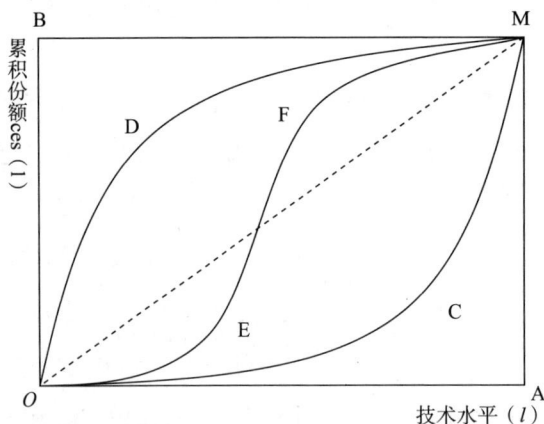

图 7 – 1 技术结构高度曲线

实际技术结构高度曲线围成的图形（简称实际图形），与适宜技术结构高度曲线围成图形（简称适宜图形）完全重叠，则该经济的实际技术结构是完全适宜的；如果实际图形与适宜图形不重叠，不重叠部分面积越大，则该经济的实际技术结构越不适宜。

在实际的技术结构高度曲线与适宜的技术结构高度曲线不发生交叉的情况下，实际图形面积减去适宜图形面积定义为经济的技术结构偏离指数，记为 DTAI，即

$$DTAI_c = \sum_l \left[ces_b(l) - ces_c(l) \right] \tag{4}$$

其中，$l = 1, 2, \cdots, k$。技术结构偏离指数可以由图 7 – 2 中的两条技术结构高度曲线围成的面积表示。

经济的技术结构偏离指数为负，表示经济的技术结构与适宜技术结构相比偏低，指数为正，表示经济的技术结构偏高；该指数绝对值越大，这种偏离越大，经济的技术结构越不适宜；指数为零，表示经济的技术结构完全适宜。

在实际技术结构高度曲线与适宜技术结构高度曲线在两个端点之间发生相交的情况下，上述定义的技术结构偏离指数就没有意义

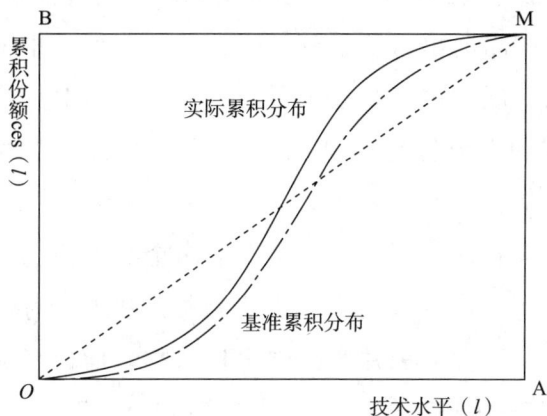

图 7 - 2　技术结构偏离指数示意图

了。理论上，技术结构高度曲线可能是连接两个端点 O 和 M 的直线、二次曲线、三次曲线等任意形状的曲线（用数学语言，可以表示为一个泛函——编者注）。但是，下文实际的分析结果显示（见附图 7 - 1），这些曲线一致地表现为类似于正态累积分布的 S 形，即类似于曲线 OEFM，并且实际技术结构高度曲线与适宜技术结构高度曲线都没有发生相交，所以，实际技术结构高度曲线与适宜技术结构高度曲线相交的情况，本书不再作讨论。

7.4　中国出口部门的技术结构及其变迁

——基于技术结构适宜性的考察

本部分利用上文提出的技术结构适宜指数和技术结构偏离指数，考察分析 1980～2003 年中国出口部门技术结构及其变迁特征。

7.4.1　原始数据

中国技术结构适宜指数和技术结构偏离指数的计算需要如下原始数据：全世界所有国家（或地区）的人均收入（即人均 GDP），

GDP，以及详细分类标准下（本书采用 SITC2S 三位码的分类）世界所有国家的各产品的出口贸易额。除特别说明外，本书采用的原始数据全部来源于联合国贸易发展委员会（UNCTAD）的国际贸易分类统计数据库和世界银行的 WDI 数据库。本书计算的时间跨度为1980～2003 年。

由于本书所有计算都以文中指出的两个数据库为基础，在本书技术的时间区间 1980～2003 年，两个数据库中共同存在的国家或地区共有 162 个，包含 239 种产品的出口数据。所以，文中计算所涉及贸易数据矩阵为 162（个国家或经济体）×239（类产品）×24（年），所采用的 GDP 和人均 GDP 涉及数据矩阵都为 24（年）×162（个国家或经济体）。各国（或地区）各类产品的贸易数据采用当前美元价，各国（或地区）GDP 采用 PPP 当前价，人均 GDP 采用2000 年 PPP 不变价。[①]

另外，考虑到中国各地区间经济发展的不平衡，中国人均 GDP的计算以各地区的相关指标进行了加权（见下文）。其中还用到的原始数据如下，1980～2003 年，中国各省人均 GDP，各省出口总额。这些数据均来自《中国统计年鉴》相应各期。[②] 其他关于原始数据的进一步说明可见附录。

---

① 贸易数据用来计算各国各类产品的贸易份额，所以，采用当前美元价不会影响计算结果；严格地，在各国贸易依存度的计算中，贸易数据也应该采用当前 PPP 价，以便与 GDP 数据保持一致，但是，由于当前美元价与当前 PPP 价相差较小（2% 以内），简单起见，文中未作调整；人均 GDP 采用 PPP 不变价是为了保证产品的技术含量不受通货膨胀因素的影响。

② 在 1980 年至 2003 年的时间区间内，部分国家的数据（包括贸易数据和人均收入数据）如有所缺失，则实际计算所采用的国家或地区的数目会稍少于 162（如数目最少的年份1980 年，所有相关指标能够取得完整数据的国家共有 116 个），但不会显著影响计算结果。自 1998 年到 2003 年间，SITCrev2 下的三位码分类下的"675 类"和"911 类"不再专门统计，所以，在该时间段上的产品类数为 237。

7.4.2　基准国家的选择与基准技术结构

样本国的选择过程中，在世界所有国家（即 162 个国家或地区）中去除三类国家便得到样本备选国（或地区）。这三类国家包括 11 个石油输出国，8 个东欧国家，15 个苏联加盟共和国，以及人口规模在 500 万以下的小国。[①] 具体样本国见附表 7 – 1。

对于在样本国内选择基准国家，目标国人均 GDP 的准确测量十分关键。中国地理区域广阔，各地区经济发展极不平衡，无论在人均 GDP 还是出口份额上，东、西部省份都有巨大差距。中国出口的大部分份额是由东部沿海高收入省份完成的。评价中国出口结构是否与其人均收入水平相一致，必须以实现出口的地区的人均收入为标准。所以，不能直接使用全国的人均收入水平作为目标国的人均 GDP。为克服地区差异带来的影响，本书采用以各省出口份额进行加权的人均 GDP。即

$$加权的人均 GDP = 人均 GDP_p \times es_p \tag{5}$$

其中，$p = 1, 2, \cdots, 30$ 表示中国大陆地区的 30 个省（自治区，直辖市）。人均 GDP_p 为中国各省的人均 GDP，es_p 表示各省（自治区，直辖市）出口占全国总出口的比重。

中国各省人均 GDP 取 PPP 当前价。加权的人均 GDP 与人均 GDP 存在较大显著差异。选择基准国家的邻域的中心是中国加权人均 GDP，半径是样本国人均 GDP 的标准差，具体见附图 7 – 2。附图

[①] 石油输出国有 11 个成员国：沙特阿拉伯、委内瑞拉、科威特、伊拉克、伊朗、卡塔尔（1961）、利比亚（1962）、印度尼西亚（1962）、阿拉伯联合酋长国（1967）、阿尔及利亚（1969）、尼日利亚（1971）。8 个东欧国家：保加利亚、波兰、捷克斯洛伐克、罗马尼亚、匈牙利、苏联、民主德国、阿尔及利亚。苏联解体为 15 个国家：俄罗斯、白俄罗斯、乌克兰、立陶宛、爱沙尼亚、拉脱维亚、摩尔多瓦、格鲁吉亚、亚美尼亚、哈萨克斯坦、塔吉克斯坦、乌兹别克斯坦、吉尔吉斯斯坦、土库曼斯坦和阿塞拜疆。

7－2 还给出了 1980～2003 年中国人均 GDP 和加权人均 GDP 的数据图，图形显示，两者之间具有显著差异。这说明选用不适当的目标国人均 GDP 可能带来的偏差是严重的。[①] 根据公式（1）即可得到中国（出口部门）的基准技术结构分布，具体计算结果见附图 7－3。

7.4.3 技术结构适宜指数和技术结构偏离指数的变化——预料之中和预料之外

图 7－3 显示了 1980～2003 年中国出口部门的技术结构适宜指数。由于出口会受到许多短期因素的影响，而技术结构是一个连续光滑的变动过程。所以，图 7－3 中的虚线给出了技术结构适宜指数的时间趋势[②]。由图显示，改革开放以来，中国出口部门的技术结构变化具有两个显著特征。一是改革开放以来，中国出口部门的技术结构适宜指数显著提高。技术结构适宜指数由 1980 年的 64.9% 提高到 2003 年的 75.1%，在 1996 年甚至高达 78.6%。从技术结构适宜指数的趋势线显示，技术结构适宜指数从改革开放之初的 63% 提高到近年来的 75% 左右。二是到 1996 年之后，技术结构适宜指数的提高过程基本结束，甚至发生了下降。技术结构适宜指数及其趋势线都显示了这一点。1996 年以后，技术结构适宜性下降，暗示中国经济在 1996 年之后发生了重大转变。由于技术结构适宜指数的计算值不可能达到 100%[③]，1996 年的技术结构指数高达 78.6%，显示该年

[①] 对中国 GDP 规模一直存在争论，例如任若恩（2006）、徐滇庆（2006）测度的中国 GDP 规模都大于以汇率和 PPP 换算的 GDP 规模。本书各省的 GDP 是以世界银行提供的 PPP 转换因子转换而来。如果利用上述两种文献的不同测度，中国加权的人均 GDP 会有所提高。这会使中国出口部门的技术结构偏离指数减小。

[②] 该趋势线根据技术结构适宜指数 TAI 对时间的回归而来，具体的模型选择及模型结果略。

[③] 不同国家的出口结构，除了受到人均 GDP 表示的资源禀赋的影响外，还受到其他因素，例如自然资源、国家规模、贸易政策等因素的影响，虽然适宜性指数的计算中已经控制了这些因素，适宜性指数仍不可能达到 100%。

已经基本达到适宜技术结构。

　　结构调整被看作中国经济改革的一个重要方面，是中国市场化改革和对外开放政策的一个目标和结果。从发展战略的角度，中国的改革开放可以理解为以比较优势战略代替赶超战略（林毅夫，1999）。在比较优势战略下，资源配置逐渐建立在市场基础上，从而使得中国经济的技术结构选择逐渐与资源禀赋条件相适应。所以，中国经济的技术结构适宜指数逐渐提高。但是，自 1996 年后，中国经济的技术结构适宜指数却发生了轻微下降，技术结构重新与适宜技术结构发生偏离，这似乎是与中国经济改革的方向相背离的——中国经济坚持比较优势发展战略，中国经济的技术结构适宜性应该逐渐提高，为什么会重新偏离适宜技术结构呢？回答该问题之前，再结合技术结构偏离指数，即图 7-4，对中国经济的技术结构的变化作进一步的分析。

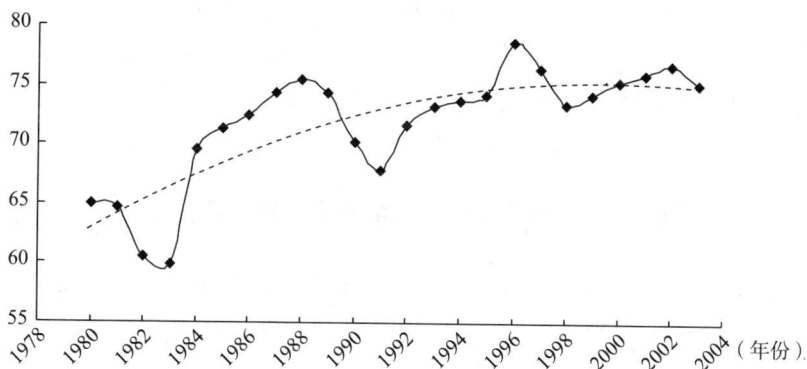

图 7-3　中国出口部门的技术结构适宜指数 TAI

　　图 7-4 是中国出口部门的技术结构偏离指数在整个改革开放过程中的变化情况。图 7-4 更清晰地揭示了中国经济的技术结构的变化，即中国经济的技术结构的偏离程度逐渐降低，到 1996 年，技术结构几乎已经没有偏离，而 1997 年以后又重新发生偏离，这与图 7-3 是一致的。但图 7-4 还揭示了新内容，即 1996 年和 1997 年前后，技术结

构偏离的性质是完全相反的。1996 年前，中国经济的技术结构高于适宜技术结构，1997 年后，中国经济的技术结构低于适宜技术结构。也就是说，1996 年前，中国经济的技术结构过高，1997 年后，技术结构过低。

自改革开放之初到 1996 年，中国经济的技术结构不合理，是由于改革之前的赶超战略造成的，而改革开放的任务就是使其重新合理化。如果这种说法是正确的话，那么 1997 年后，中国经济的技术结构高度降低到适宜技术结构以下，绝不会是改革的目标。

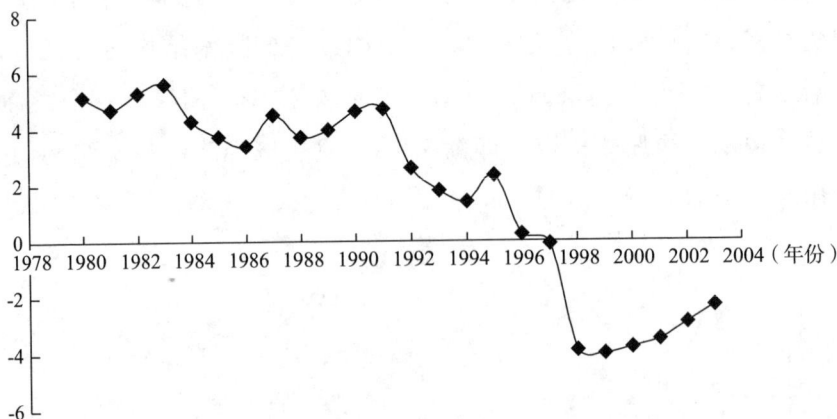

图 7 - 4　中国出口部门的技术结构偏离指数

这样，透过技术结构的适宜指数和偏离指数的视角，就会提出如下的问题：中国经济究竟发生了什么？中国经济的技术结构为什么会出现预期之外的变化呢？

7.4.4　中国经济的技术结构变化的可能解释

可能存在如下解释：内生经济增长理论和国际贸易理论指出，后发的市场经济国家参与世界分工，存在产业低端化的风险。中国出口部门的技术结构偏离指数的一直下降到负值，展示了这种产业低端化的现实性——1996 年后，产业低端化的机制开始在中国显现出来。在考察的整个时期内，技术结构偏离指数呈一致的下降趋势，这也许还说明早在 1996 年之前，产业低端化问题就已经出现了。[①]

但是，杜修立（2007）指出，中国出口部门的技术结构虽然没有发生明显的提升，但也没有发生下降，而且出口部门的技术进步是显著的。于是，对上述问题可以提供的另一种解释如下：中国经济的技术结构之所以低于适宜技术结构，是因为中国经济的高速增长。人均 GDP 的增长速度，从而资源禀赋结构的快速提升，都快于技术进步的速度和技术结构升级的速度，所以，相对于资源禀赋的提高，中国经济的技术结构提升出现了滞后。同时，中国经济的结构调整，从而中国经济的静态效率的提高，一般被认为是中国经济高速增长的重要原因。

综合这两种解释，可以看出，市场化改革，比较优势发展战略仍然是中国经济增长的基础，只是需要为比较优势发展战略赋予新的内容。在市场经济的基础上，更加考虑中国经济的技术结构提升和中国经济技术变迁的动态效率，考察如何避免产业低端化的可能。换句话说，中国经济的技术结构的现状及其发展变化，实际上，为中国经济需要进一步改革提供了一个事实背景。

[①] 当然，图 4 显示技术结构偏离指数的剧烈下降发生在 1997～1998 年，也就是亚洲金融风暴之后。所以，对这种下降的一种可能解释是，金融危机削弱了东南亚各国的出口竞争力，而它们出口产品的技术含量都是比较低的，所以促进了中国低端产品的出口，进而使得偏离指数剧烈下降为负值。但是本书认为这种解释并不合理。因为，第一，1998 年下降后，偏离指数虽有恢复但一直为负值；第二，中国出口也受到了与东南亚类似的影响；第三，研究表明，韩国、中国台湾、中国香港、新加坡以及东盟国家等受亚洲金融风暴影响的国家或地区，它们出口的技术结构高于中国的出口技术结构（杜修立，2007），所以，如果偏离指数受亚洲风暴的影响，应该使得中国出口的技术结构提高，而不是下降。

7.5 小结

本书将经济增长的适宜技术理论应用到经济的技术结构分析，为技术结构这一重大课题提供了一个全新的分析视角。首先，基于经济增长的适宜技术理论，提出适宜技术结构的概念；其次，基于出口部门，构建了技术结构适宜性的两个测度指标，即出口部门的技术结构适宜指数和偏离指数；最后，利用该指标实际考察了改革开放以来，中国经济技术结构的变化，并得出以下发现：中国经济的技术结构大约在1996年发生了意义深刻的转折——在1996年以前，中国经济的技术结构高于适宜结合结构，而在1996年之后，已经低于适宜技术结构。在1996年之前，中国经济的技术结构变化的最主要特征是其适宜性逐步提高，直到1996年基本达到了适宜技术结构，但随后技术结构的适宜性发生了下降。

本书虽然对其发现作了初步分析，以提示对该图景的解读，既有助于理解中国经济已经取得的成就，又有助于发现其中可能存在的问题，为把握未来的发展提供事实依据。但是，本书的主要目的在于透过适宜技术结构的视角，为理解中国经济展示一个真实的图景。至于如何解读，显然需要结合对中国经济相关方面的进一步分析。

本书在实际测度技术适宜性的过程中，做了许多近似处理。但是这些近似对于得出中国经济的技术结构偏低的结论是稳健的，因为，文中相应的注释已经说明，如果克服这些近似带来的影响，会得出中国经济的技术结构偏低程度更严重的结论。当然，对这些近似进行敏感性分析仍然是有益的。另外，出口部门的技术结构与整个国民经济的技术结构的差异，也是在应用本书应用部分的结果时需要注意的。

第8章　发展战略与经济增长绩效

——基于东亚成功经济的经验分析

8.1　引言

二战以后，许多欠发达国家的政府采取多种政策措施，力图实现国民经济的工业化。然而，到目前为止，只有东亚少数几个经济体缩小了与发达国家之间的发展差距，并且趋于收敛于发达国家的人均收入水平。东亚经济的成功是二战以来最重要的宏观经济现象之一，也成了经济增长和发展理论研究的重点。人们试图从东亚成功经济的发展中，为其他欠发达国家的发展提供经验和教训。这些经验和教训对中国也具有重要意义。

但是，同一个现象可以有不同的解读。对于东亚经济模式本身及其成功的原因，有着不同甚至完全相反的解释。市场和政府在经济发展中的作用，是其中最激烈的争论，也是最具有挑战性的问题。比较优势发展战略理论往往倾向于认为，生产的技术水平应该与其资源禀赋相适应。如果政府对经济的干预使得经济的生产结构偏离比较优势下的生产结构，这种干预会降低经济增长绩效，阻碍经济增长。许多的文献也倾向于认为产业政策对经济的整体效果是负的或者是不明显的。但是，对东亚经济的直觉观察，可以发现政府干预特别是产业政策被广泛采用。所以，东亚经济的成功也经常被解读为政府干预的成功。现有文献往往不是直接以东亚成功经济体为分析对象，所以，这些文献的结论不能否定东亚的政府干预是有效的。

本章分析焦点就是，政府对经济的干预是促进了东亚经济的成功，还是阻碍了经济增长。本章试图论证：政府的积极干预和产业政策——而不是完全依赖市场——才是东亚经济增长与众不同的原因。本章结构如下。8.2节是相关文献评述。回顾了市场与政府作用的相关理论，以及东亚模式的相关争论，并指出对于市场与政府作用的经验检验关键是构建测度政府干预的恰当指标。8.3节从两个方面构建了测度政府对市场干预程度的指标。8.4节明确待检验的假说，并设定相应的经济计量模型。8.5节是经济计量模型的估计。8.6节是结论。

8.2 文献评述

8.2.1 市场与政府的作用

幼稚产业保护理论的创始人——李斯特认为，在国际竞争条件下，落后国家通过产业保护可以扩大其生产可能性边界，国民经济福利将大大提高。在自由贸易下，落后国家的高技术产品市场将被发达国家占领，国内企业将缺乏通过规模经济和技术投资来发展高技术产业的激励。所以，政府应该对这些产业进行保护，以抵御外来竞争，直到这些产业能在自由贸易中生存。李斯特实际上是把李嘉图的静态理论扩展为动态理论，从而应用于分析生产成本结构和技术进步的长期发展过程。或者说，李斯特的观点，实际上是把比较优势理论与发展经济学整合在一起，认识到在动态经济中可能会出现严重的市场失败。尤其是在经济发展的初期，新产业的长期投资往往低于最优水平。所以，李斯特的幼稚产业保护理论与李嘉图的比较优势理论并不矛盾。

在发展战略的选择中，真正与李斯特的幼稚产业保护理论对立的是亚当·斯密的自由贸易学说。亚当·斯密认为，"有了（这种市场）管制，特定的制造业有时候能比没有这种管制更迅速地确立起来，而且经过一段时间，国内的制造品可能和国外的制造品同样便宜或更便宜"，但是，亚当·斯密同时观察到市场管制和贸易垄断是如何伴随着君主专制制度下的统治者和财富显赫的商人的寻租活动而出现的，这些管制全面压制了企业家活动。因此，斯密断言："任何这样的管制都不可能使工业总量或收入总额有所增加（相对于没有管制的自由经济）"（亚当·斯密，1776，1997：425）。也就是说，斯密早就预言了所谓的"李斯特陷阱"。

强调自由市场效率的主张与提倡通过政府的计划和指令控制市场活动之间争论一直伴随着经济理论和各国经济发展实践。这两种观点在国际贸易方面表现最为明显。一般来说，在开放条件下，一个国家越不发展，越易招致市场失败。在包含着资本积累和技术进步的动态经济发展过程中，这个问题显得特别严重。与新古典学派假定的竞争性市场有效率的静态经济不同，动态的发展过程是以未来的不确定性和技术进步为特征的。在存在规模经济以及经济发展的路径依赖的条件下，欠发达经济体往往会在与发达国家的竞争中失败。

二战以后，发展经济学开始形成的时候，发展经济学家鼓励欠发达经济体政府采取干预政策，加速资本积累，追求"内向型"重工业优先发展或进口替代战略，直接瞄准缩小与发达国家的产业和技术结构差距（Chenery，1961；Warr，1994），苏联国家建设的初始成功、大萧条时期形成的对初级产品出口的悲观情绪、对市场缺乏信心，以及新古典经济增长理论，都强烈影响了这些经济学家的政策建议。

实际上，经济增长理论关注的两个中心问题就是收入水平随时间的增长，以及世界各国特别是发达国家与发展中国家收入水平的不同。根据 Robert Solow（1956）的开拓性工作，人均收入的不同可以有两个来源，人均资本水平和劳动的有效性。所以，储蓄率的变化引起增长率的变化。从新古典经济增长理论还可以推导出一个结论，因为边际报酬递减规律的作用，发展中国家应该比发达国家增长的更快，两者人均收入差距应该逐渐缩小。但是，绝大多数发展中国家并没有能够成功缩小与发达国家的人均收入的差距（Pearson et al.，1969；Romer，1994）。Romer（1986，1990）和 Lucas（1988）提出内生增长理论，将技术创新看作由人力资本积累、研发、"干中学"等因素内生决定的。但是，由于与新产品和新生产方法的创造有关的扭曲的缘故，增长率和发明活动的基本数量趋于不再是帕累托最优。所以，在内生增长理论的框架内，长期增长率依赖于政府行动，诸如税收，基础设施的提供，知识产权的保护，国际贸易、金融市场等各方面的经济管制。因而，政府通过改变长期增长率而对经济发展具有巨大的或好或坏的潜在影响力（Barro，2000）。

对于后发国家的经济增长，内生经济增长的技术扩散理论分析了后发国家的发展问题。特别是，内生经济增长理论的最新发展提出了适宜技术的概念（见前一部分的论述）。围绕这一概念，经济增长理论分析了发展中国家为什么不能收敛到发达国家的水平。Basu 和 Weil（1998）认为欠发达国家资本存量相对较低是采用发达国家先进技术的一个障碍。他们得出结论，欠发达国家如果能够提高储蓄率来利用先进技术，就有可能经历一个经济迅速增长时期。Acemoglu and Zilibotti（1999）则强调进口技术的坏处。在他们的理论框架里，发达国家的技术是由熟练工人使用的，当技术转移到欠发达国家时，技术是由非熟练工人使用的。劳动技巧和技术之间的这种不匹配会导致发达国家和发展中国家人均产出和总要素生产率方面出现巨大差距。他们认为，改善工人的技巧基础和人力资本对于收入收敛是至关重要的。

　　Grossman 和 Helpman（1991）将国际贸易、经济增长和创新纳入一个统一的框架，分析指出，如果各国经济进行技术竞争，长期内，资源将在传统制造产业和产业研发活动之间的配置将不断演化，从而，比较优势也随着时间的推移而不断演化，即比较优势是内生决定的。而资源配置在长期内如何演化要视情况而定。在技术溢出效应存在时滞，或技术溢出不完全或局限在一国境内时，资源禀赋的初始结构将决定长期的贸易模式。在极端的情况下，一国即使最初在技术研究方面仅仅具有微弱的劣势，最终该国也可能完全退出高技术产品市场。技术方面的竞争力不仅影响到长期贸易模式，而且影响到各国增长的差异。但是，政府政策可能改变一个国家的生产专业化模式和贸易模式。在一定条件下，即使是一项暂时的政策，也可能极大地改变该国的命运。通过刺激研发活动，技术落后国家能够与发达国家在一个水平线上竞争。原本生产传统产品的国家将转变为高科技产品的出口国。

　　可以看出，新经济增长理论认识到长期经济增长的重要性，使经济增长理论与经济发展理论走向融合。这种融合使得发展经济学家的建议，能够更多地建立在适当的理论框架内，而不仅仅是一种经验式的分析。同时，增长理论的发展也开始关注理论的经验含义，以及理论与数据之间的实际联系，也更多地关注理论的政策含义（Barro，2000）。

　　增长理论和发展经济学的发展，加深了我们对市场与政府在经济发展中的关系及其相互作用的理解。但是，世界各国收入差距没有缩小反而增加，而广大发展中经济体的经济发展现实相差悬殊，其中的东亚少数国家成功地缩小了与发达国家之间的差距，并趋向收敛于发达国家的人均收入水平，但多数发展中国家没有成功缩小与发达国家之间的差距。所以，在政府与市场的各自角色上，斯密与李斯特的理论分野并没有随着经济理论的发展而减弱。正如

Grossman 和 Helpman（1991）所指出的，所有的可能都会出现，利用实际数据对所有的这些理论进行检验才是至关重要的。东亚成功国家的经验却对这种分野提供了一个检验的机会。

8.2.2 关于东亚奇迹争论的回顾

东亚成功经济体（HPAEs）（注：根据世界银行的惯例，HPAEs包括日本、中国香港、韩国、新加坡、中国台湾、印度尼西亚、马来西亚和泰国8个国家和地区。本书的分析中不包括日本，因为在本书分析期间，日本已经是发达国家了）的持续高速增长可以说是二战以来最为引人注目的经济发展现象。所以，东亚成功经济体成了许多理论研究关注的对象（世界银行报告，1993）。关于东亚奇迹的争论和研究可以分成两个方面。第一个方面是，东亚经济增长是汗水增长还是灵感增长。这个争论的两种观点最集中地体现于世界银行报告和其他的一些文献中。世界银行1993年报告认为，积累推动了东亚的高度增长，但是，仅仅由积累不足以解释东亚奇迹，全要素生产率的增长对于经济增长具有重要贡献。但随后的一系列文献，如 Young（1995，2000）、Kim and Lau（1994）认为，东亚奇迹仅仅是原始积累的又一种表现，其全要素生产率的增长的贡献可以忽略不计。Krugman（1999）将其称为汗水增长，而非灵感增长。由于东南亚金融危机的爆发，这种观点一度十分流行。有趣的是，东亚经济的随后强劲复苏，以及对上述文献中所采用计量方法的深刻分析，最终否认了这种观点，重新确立了技术进步和技术消化吸收以及全要素生产率的提高是东亚超常增长的动力（世界银行报告，2000）。那么，为什么东亚经济体能够在技术进步方面取得如此的成功？

这就是对东亚奇迹的争论的第二个方面，即关于政府在东亚经济发展中的作用究竟如何。显然，东亚各国（地区）政府干预了资源的配置，而且在发展中国家，这种干预即使不是干预最强的，也是相对突出的。那些相信市场力量的人，倾向于贬低政府在东亚的超常发展中的作用，而又把东亚金融危机问题的根源归于政府。但完全相反的观点也存在，认为是政府行为造就了东亚奇迹。政府对经济的干预行为包括提高储蓄率、强化和发展金融机构、加强教育和维持宏观经济稳定。这些干预行为的实质或焦点是产业政策（Stiglitz，2000）。

数量可观的实证研究证明了更多的贸易保护和产业政策能够实现更快的增长是不正确的。例如，Balassa（1971），Barro and Bala‐i‐Martin（1992），Beason and Weinstein（1996），Dollar（1992），Edwards（1992），Krishna and Mitra（1998）。近来，林毅夫（2003）构建了一个政府的发展战略的测度指标，进而检验这些发展战略对经济增长绩效的影响，得出结论认为，如果偏离比较优势发展战略，鼓励制造业的优先发展将损害经济增长绩效。但这些研究对象并不是东亚成功国家，这就意味着，从这些实证研究中，我们不能得出产业政策一定无效的结论。东亚经济成功经验，有可能向我们展示一种成功的产业政策。

但是，直接以东亚成功经济为研究对象的实证文献比较少见。这些文献的典型研究特点是，以一个国家的少数几个产业部门或贸易部门的政策为研究对象，进而分析这些政策对经济增长绩效的影响。尤素福在《新千年的东亚奇迹》一文对此进行了综述。劳伦斯和温斯坦（2000）分析了日本经济起飞阶段，贸易保护对其全要素生产率以及经济增长的影响，得出与传统不同的观点：即使在起飞阶段，日本贸易保护也没有对经济增长发挥正面影响。

所以，对于东亚成功经济的产业政策对经济增长绩效的整体效果的实证研究，仍然十分缺乏。其中原因是明显的，那就是，缺乏一个对东亚产业政策的统一可比的测量指标，所以，无法整体考虑整个东亚成功经济的产业政策的整体效果。本书下面的任务就是试图填补这个空白，通过设定相关指标，建立经济计量模型，检验东亚成功国家的政府干预对经济增长绩效的总体效果。

8.3　指标构建

为检验政府干预和产业政策是否促进了经济增长绩效，本部分构建两个测度政府干预和产业政策的指标。

8.3.1　相似性指数

在本书的前一部分，基于出口部门测度了经济技术结构的适宜性，给出了一个适宜性指数。一个国家（出口部门）技术结构适宜指数定义为该国出口部门技术结构分布与基准分布的相似性，记为TAI，即（具体细节见前一章）

$$TAI_c = \sum_l \min\{es_c(l), es_c^a(l)\}$$

其中，c 表示目标国，$\min(\cdot)$ 为极小值函数，$l = 1, 2, \cdots, k$。

容易证明，任何国家的技术结构适宜指数 TAI 取值在 0 到 1 之间，越接近 1，表示该国的技术结构越接近于适宜技术结构，越接近 0，表示该国的技术结构与适宜结构之间的偏离越大。

该指数可以测度政府干预和产业政策对经济的影响程度。基准国家的选择是与目标国（或经济体）具有相似资源禀赋条件的多个市场国家。基准分布是这些国家技术结构的平均分布，即代表了相应资源禀赋条件下，市场国家的平均技术结构分布。如果一个具体的国家的技术分布与该平均分布存在差异，说明该国经济没有完全按照李嘉图的比较优势原则参与世界生产分工和贸易，我们把这种差异看作是政府干预和产业政策的结果。于是，适宜性指数越接近 1，说明政府干预和产业政策的影响越小，越接近 0，表示政府干预和产业政策的影响越大。具体指数计算结果见前面相应章节。

8.3.2　赶超指数

经济的技术结构既可能是市场选择的结果，也可能是政府发展战略的结果，所以，技术结构既可能过低（如内生增长理论所指出的，陷入发展陷阱和产业结构低端化），也可能过高（如计划经济体制下，或某些政府主导的发展模式，实施赶超战略，而使技术结构在短时间内迅速提高）。

为了追赶发达国家，发展中国家的政府干预和产业政策往往以所谓的产业升级为目标，或以提高经济的技术水平为目标。所以，政府干预和产业政策的另一个测度指标是经济的整体技术水平是否高于与其资源禀赋相适应的技术水平。本书前面的部分，构建了一个国家（或地区）的整体技术水平指数 ETC，表示该经济体出口产品的整体技术含量的高低。对于贸易依存度很高的东亚成功经济体，该指数是一个测度整体技术水平高低的合理指标。

可以认为，ETC 和人均 GDP 之间的拟合线代表了现实中各国没有施行产业政策（或没有高于各国平均强度的产业政策的干预），而仅仅根据比较优势进行进出口所形成的世界贸易结构。拟合方程以如下模型估计：

$$\ln(ETC_{it}) = \alpha_i + \beta \ln(gdpl_{it}) + u_{it}$$

其中，ETC_{it} 表示 i 国 t 年整体技术水平，$gdpl_{it}$ 表示 i 国 t 年真实人均 GDP。$\ln(.)$ 表示自然对数。以 $(\ln ETC)_{it}^{f}$ 代表 $\ln(ETC)_{it}$ 的拟合值，则 i 国 t 年的赶超指数（记为 CAI）定义为

$$CAI_{it} = (\ln ETC)_{it} - (\ln ETC)_{it}^{f}$$

赶超指数 CAI 为正，则表明一个国家实行了高于样本国家平均水平的干预（或赶超）；CAI 为负，则表明一个国家实行了低于样本国家

平均水平的干预（或赶超）（在 *CAI* 为负值的情况下，如果 *CAI* 绝对值过大，可能意味着该国在世界经济一体化下，发生了明显的产业低端化）；*CAI* 为零，则表明一个国家恰好发挥了它的比较优势，或政府产业政策干预处于一般水平。

利用前面章节介绍的相应原始数据，CAI 计算结果见附录。各国 TAI 和 CAI 的描述性统计分析见表 8 - 1 和表 8 - 2。结果显示，中国台湾地区的平均相似性指数最高，印度尼西亚的最低，表示中国台湾的产业政策干预最小，而印度尼西亚的产业政策干预最强。这是与人们的经验相一致的。中国香港的平均赶超指数最高，新加坡的最低，表示中国香港的平均赶超强度最大，新加坡最低。所用 7 个国家的赶超指数计算结果，与 Young（1994，1995）以及 Carafts（1998）提高的全要素生产率基本一致，验证了我们赶超指数的指标构建的有效性。

表 8 - 1　适宜性指数 TAI

	HKG	KOR	SGP	TWN	IDN	MYS	THA	全体
Mean	0.622655	0.689891	0.612701	0.722468	0.497014	0.559152	0.608177	0.61454
Median	0.600831	0.668824	0.614735	0.730962	0.534418	0.551017	0.597548	0.612724
Maximum	0.748372	0.840003	0.703983	0.810281	0.716876	0.756501	0.856662	0.856662
Minimum	0.497091	0.610561	0.525801	0.60462	0.195788	0.39524	0.384026	0.195788
Std. Dev.	0.072116	0.063578	0.055289	0.060182	0.12922	0.097766	0.103407	0.110161
Observations	21	21	21	19	21	21	21	145

表 8 - 2　赶超指数 CAI

	HKG	KOR	SGP	TWN	IDN	MYS	THA	全体
Mean	2.41E - 17	0	- 1.80E - 17	0	1.06E - 17	1.06E - 17	- 1.32E - 17	- 1.18E - 18
Median	0.008203	- 0.00972	0.019449	0.005264	- 0.051154	0.065844	- 0.018918	- 0.002919
Maximum	0.092361	0.100237	0.063478	0.071001	0.250421	0.131622	0.114759	0.250421

	HKG	KOR	SGP	TWN	IDN	MYS	THA	全体
Minimum	− 0.07436	− 0.05112	− 0.086532	− 0.05996	− 0.127359	− 0.20866	− 0.067727	− 0.208657
Std. Dev.	0.048004	0.045523	0.052065	0.041779	0.110995	0.120817	0.049734	0.073199
Obs	21	21	17	19	21	21	21	141

8.4　待检验的假说及经济计量模型设定

8.4.1　待检验的对立假说

如果没有超出平均水平的政府干预或产业政策，而仅仅由市场配置经济资源，经济增长绩效最好，则这种干预对经济增长绩效产生负面影响；反之，如果这种干预对经济增长绩效带来正面影响，促进了经济增长，则市场配置对于长期经济增长不是有效的。

后发国家政府干预对经济增长绩效的影响存在多个渠道或具有多种影响机制。一种机制是对经济资源配置的干预直接影响经济增长，另一种机制是在不同的资源配置下，经济追赶速度，即后发经济向发达经济收敛的速度不同。

关于政府干预对经济增长绩效的影响的一个更加微妙的假说是，适度政府干预对于经济增长绩效具有正影响，但过大的政府干预的效果就会走向反面。这意味着干预变量的经济增长效应是非线性的。

8.4.2　经济计量模型的设定

根据上述待检验的假说，设定经济计量模型如下：

$$rgdpl_{it} = \beta_1 TAI_{it} + \beta_2 TAI_{it} \times \ln(gdpl_{0it}) + \gamma_1 CAI_{it} + \gamma_2 CAI_{it}^2 +$$
$$\gamma_3 CAI_{it} \times \ln(gdpl_{0it}) + \lambda \ln(gdpl_{0it}) + BX + u_{it}$$

其中，下脚标 i 和 t 分别代表样本国和时间。TAI 和 CAI 分别为技术适宜性指数和赶超指数。gdp_0 表示期初人均 GDP，$rgdpl$ 表示人均 GDP。X 为所有的控制变量，包括常数项以及时间效应和国别效应。

相应于待检验的假说，如果这种干预对经济增长绩效带来正面影响，即直接促进了经济增长以及加快了经济增长收敛，则预期系数 $\beta_1 < 0$，$\beta_2 > 0$，$\gamma_1 > 0$，$\gamma_3 < 0$。另外，如果过度赶超最终带来负面效应，则预期 $\gamma_2 < 0$。根据新古典经济增长的收敛机制，预期 $\lambda < 0$。根据经济增长理论，备选的控制变量包括，投资率（ci），开放程度（$openk$），通货膨胀率（p），政府支出规模（cg），教育（tyr）。各变量的具体定义见下文数据部分。

8.5　经济计量模型的估计

8.5.1　原始数据

数据的时间区间为 1980 年至 2000 年，但由于滞后变量，部分数据实际的选择区间为 1975 年至 2000 年。样本国为被世界银行称为增长绩效优良的东亚成功经济体（HPAEs），但日本除外（因为日本显然在本书研究的样本区间内已经属于发达国家的行列，而不再是发展中国家成功追赶发达国家的典型），即中国香港、韩国、新加坡、中国台湾、印度尼西亚、马来西亚和泰国共 7 个国家和地区。人均 GDP 将以两种不同的方法用在回归分析中，第一个方法用的是每年的观察值，第二个方法使用的是每 3 年的平均值。典型的做法是，选择每 5 年的平均值，本书选择 3 年平均是为了保留模型回归所必要的自由度。①

---

① 一般地说，给定时间长度上的平均值能够消除商业周期的影响。然而，时间长度的随意选择也会导致回归模型的设定错误。事实上，并没有一个有理论的规则可让我们用来分析更高或更低的频率的平均值所可能导致的设定错误的程度。但是，利用 Panel Data 建立模型，可以使对时间长度的选择更为灵活（Durlauf and Quah，1999）。

因变量是真实人均 GDP 增长率（rgdpl），取人均 GDP 的对数值差分，人均 GDP 是每 1 年或 3 年的平均数。

除了 TAI 和 CAI 之外，其他控制变量的定义、数据来源及预期系数符号如下：

$gdpl_0$：期初真实人均 GDP 被用来充当初始条件的近似指标。在 3 年平均的数据集中，$gdpl_0$ 包括 1979 年、1982 年、1985 年、1988 年、1991 年、1994 年、1997 年和 2000 年的观察值。在年度观测数据集中，$gdpl_0$ 表示相应时间的前一期值。这些数据是根据不变购买力平价加以调整的。估计系数预计符号为负。

ci：总投资占 GDP 的比率，包括私人投资和公共投资。估计系数预计符号为正。

openk：开放程度，即进出口总值占 GDP 的比率。估计系数预计符号为正。

p：通货膨胀率。估计系数预计符号为负。

以上各数据均取自 Heston、Summers 和 Aten（2002）构建的世界全表第 6.1 表（Penn World Tables Mark 6.1）。

tyr：25 岁以上人口中平均受教育年数。估计系数预计符号为正。该数据取自 Barro 和 Lee（2000）。但是该数据集合只是给出了五年间隔的数据，即给出了 1975 年、1980 年、1985 年、1990 年、1995 年、2000 年的数据。由于本书模型以三年平均和年度数据进行回归，本书利用插值法补齐间隔各年的数据。

对 5 年平均数据的回归，TAI、CAI、ci、openk、p 都是利用三年平均值构成的。在年度数据集的回归中，各变量取值如下：由于政府干预对经济资源配置的改变，要经过一定时间才能充分产生影响。在对年度数据集的回归中，用 TCI 前一年的值，即 TCI_{-1} 作为解释变量。技术水平赶超的影响产生作用需要滞后时间更长，故用 CAI 的前二期值即 CAI_{-2} 作为解释变量。但是 CAI 对经济收敛的影响需要与起初人均收入同期发挥作用，故在 CAI 与 $gdpl_0$ 的交叉项中，CAI 取前一期值，即 CAI_{-1}，以保证与 $gdpl_0$ 保证同期发挥作用。ci、$openk$ 和 p 用的是当期观察值。

对于 tyr，在三年均值数据回归，利用其相应的起初值，即 1979年、1982年、1985年、1988年、1991年、1994年、1997年和2000年的数值，而对于年度回归，则选择相应时期的前一期观测值。

8.5.2 估计结果

经验估计结果列在表 8 - 3 和表 8 - 4 中。表 8 - 3 给出了年度数据集的回归结果，而表 8 - 4 则给出了 3 年平均值数据集的回归结果。表 8 - 3 和表 8 - 4 中的模型都是双向固定效应模型（two - way fixed - effect model）的估计结果，国家效应和时间效应都被控制了。LSDV 方法被用来把数据拟合于模型。

没有对模型进行 Hausman 检验直接选择了固定效应模型设定，解释如下：由于本书数据集是非平衡数据（unbalanced data），如果利用随机效应估计，不能充分利用所有观测数据，即损失较多自由度，降低估计的有效性。相对于固定效应估计，随机效应估计的好处在于估计的精度有可能提高，坏处在于得出有偏的估计。两方面权衡，我们直接选择固定效应回归。经过不同模型之间的比较，表 8 - 3 和表 8 - 4 中各模型的结果对于关注系数是稳定的。可以模型Ⅲ和模型Ⅷ为基准模型，其他模型则作为对照模型。

表 8 - 3   年度数据回归结果

解释变量	模型 I	模型 II	模型 III	模型 IV	模型 V
C	0.92061**	1.08774**	0.85988*	0.89521**	0.85186**
	(0.31580)	(0.26173)	(0.29507)	(0.31243)	(0.29509)

续表

解释变量	模型 I	模型 II	模型 III	模型 IV	模型 V
log［RGDPL（-1）］	-0.10411**	-0.12385**	-0.09525**	-0.10132**	-0.09474**
	(0.03602)	(0.02981)	(0.03306)	(0.03560)	(0.03303)
TAI（-1）	-0.36130*	-0.41105**	-0.36683**	-0.32736*	-0.34141**
	(0.18376)	(0.18522)	(0.17908)	(0.17536)	(0.16909)
CAI（-2）	0.11512**	0.11180**	0.12399**	0.12089**	0.12665**
	(0.04662)	(0.04802)	(0.04641)	(0.04308)	(0.04366)
CAI（-2）^{2}	-0.21332		-0.23880*	-0.21125	-0.23298*
	(0.14774)		(0.14351)	(0.14266)	(0.14016)
TAI（-1）* log［RGDPL（-1）］	0.04271*	0.04920**	0.04315**	0.03845*	0.04000**
	(0.02172)	(0.02191)	(0.02121)	(0.02062)	(0.01995)
CAI（-1）* log［RGDPL（-1）］	-0.01478**	-0.01520**	-0.01455**	-0.01468**	-0.01451**
	(0.00621)	(0.00625)	(0.00606)	(0.00593)	(0.00587)
CI	0.00062**	0.00067**	0.00060*	0.00067**	0.00064**
	(0.00030)	(0.00030)	(0.00031)	(0.00028)	(0.00029)
OPENC	-0.00008	-0.00010	-0.00006	-0.00010	-0.00007
	(0.00007)	(0.00007)	(0.00006)	(0.00006)	(0.00005)
INF	0.02267	0.02319	0.02279	0.02075	0.02138
	(0.01731)	(0.01683)	(0.01692)	(0.01592)	(0.01562)
CG	-0.00066	-0.00064	-0.00044		
	(0.00081)	(0.00081)	(0.00079)		
TYR（-1）	0.00357	0.00430		0.00273	
	(0.00407)	(0.00396)		(0.00393)	
调整的 R^2	0.740856	0.736136	0.738086	0.738916	0.737156
D-W 统计量	1.70316	1.64232	1.728502	1.694797	1.718252
F 统计量	7.43304	7.548973	7.625302	7.65814	7.903694

注：小括号内是标准差；**、* 分别表示在 5% 和 10% 的显著性水平下显著。

表 8 - 4　三年平均数据回归结果

解释变量	模型 VI	模型 VII	模型 VIII	模型 IX	模型 X
常量	0.652318*	0.603553*	0.602934*	0.601002*	0.562193
	(0.369989)	(0.34346)	(0.33627)	(0.32131)	(0.33503)
log（RGDPL）	-0.074619*	-0.069209*	-0.06904*	-0.068247*	-0.064661*
	(0.042392)	(0.03938)	(0.03855)	(0.03620)	(0.03813)
TAI	-0.397588*	-0.40508*	-0.40914*	-0.424534*	-0.410081*
	(0.236509)	(0.2234)	(0.2126)	(0.21488)	(0.20338)
CAI	0.291699	0.066978	0.02789	0.029787	0.02026
	(0.351719)	(0.25924)	(0.02027)	(0.01994)	(0.01464)
CAI^2	0.310213				
	(0.30520)				
TAI × log（RGDPL）	0.046278	0.047164*	0.047571*	0.049143*	0.048337*
	(0.02855)	(0.02692)	(0.02575)	(0.0259)	(0.02449)
CAI × log（RGDPL）	-0.029713	-0.004627			
	(0.04072)	(0.03121)			
CI	0.000477	0.000407	0.000403	0.000448	0.00035
	(0.000349)	(0.0003)	(0.00031)	(0.00029)	(0.00025)
OPENC	-9.83E-05	-8.27E-05	-7.94E-05	-7.65E-05	-6.19E-05
	(9.09E-05)	(8.94E-05)	(8.29E-05)	(7.84E-05)	(8.06E-05)
P	0.111167*	0.119479*	0.121245**	0.123766**	0.110979**
	(0.058745)	(0.055297)	(0.052551)	(0.051124)	(0.045208)
CG	0.0007	0.000691	0.000737	0.001001	
	(0.00164)	(0.001604)	(0.001531)	(0.001374)	
TYR（-1）	0.001587	0.001923	0.00166		0.002999
	(0.005338)	(0.005343)	(0.00483)		(0.00443)
样本容量	45	45	45	45	45
调整后的 R^2	0.759813	0.752693	0.752527	0.75158	0.750398

续表

解释变量	模型 VI	模型 VII	模型 VIII	模型 IX	模型 X
D－W 统计量	2.602151	2.740073	2.749001	2.752779	2.709395
F 统计量	2.888344	3.043549	3.330456	3.630521	3.607657

注：小括号内是标准差；** 、* 分别表示在 5% 和 10% 的显著性水平下显著。

根据表 8－3 和表 8－4 给出的结果，我们可以看到，$\beta_1<0$，$\beta_2>0$，$\gamma_1>0$，$\gamma_3<0$，且在不同的控制变量下，上述四个系数的估计值都比较稳定。结果表明，东亚成功经济体政府实行的干预政策是有效的。模型 III 和模型 V 中，$\gamma_2<0$ 表示超出一定限度内的赶超会对经济带来的负面影响。但 3 年平均数据的回归结果没有检验出这一点。

表 8－3 和表 8－4 还显示，初始人均 GDP 系数估计结果在统计上都是显著的，估计的数值稍大于相关文献，意味着东亚成功经济体具有更快的收敛速度。表 8－3 中投资的系数估计结果是统计显著的，但表 8－4 的结果不显著。其他控制变量的系数不显著，可能是由于本书构造的适宜性指数和赶超指数与这些控制变量高度相关造成的。

8.6　结论及进一步讨论

本书以东亚 7 个成功经济体在 1980 年到 2000 年间的经济表现为分析对象，发现政府干预和产业政策对这些国家取得突出的经济增长绩效产生了重要的积极影响。这与许多其他研究文献的结论形成鲜明对照。例如，林毅夫（2003）认为政府产业政策的干预，使得经济偏离比较优势决定的产业结构，将损害经济增长绩效。本书认为，形成这种完全相反的结论的原因主要在于，本书所分析的对象与其他文献不同。林毅夫（2003）是从全世界各国中选择的样本国，其中既有发达国家，也有发展中国家，既有成功的发展中国家，也有经济发展不成功的发展中国家。从世界范围看，多数国家的干预是不成功的，损害了经济增长。但是，这并不能否认存在有效干预的可能。东亚经济成功及其实行的强政府干预，就提供了一个成功的实例。所以，本书的分析只是确认了成功干预的存在。与相关的文献的结论并不完全矛盾，相反，是对这些文献的一个补充。

如果考虑到只有这些实行强政府干预的国家才实现了从不发达经济向发达经济的成功追赶，这又意味着，虽然成功干预困难重重，甚至面临"李斯特陷阱"的风险，但是积极寻找正确的干预方式是欠发达国家实现经济追赶必须解决的课题，而不是实行简单的市场化。

结合本书前面第 6 章和第 7 章对中国经济技术进步和技术结构的实际考察，可以得出结论，经过 30 多年的改革开放，中国经济基本遵循的是比较优势发展战略，坚持市场化方向，但中国经济的进一步健康发展，应该重新考虑政府对市场的干预作用。实际上，以强调市场著称的比较优势发展战略，其真正的意义在于努力为政府和市场的作用范围划出一条界线。从这个角度来说，比较优势发展战略不是排斥政府干预，政府干预应该是其应有之义。

第9章 模式转型与中国经济增长潜力

9.1 引言

近年来，中国的经济增长呈现放缓的趋势。2011 年我国 GDP 增长率保持在 9.2%，而 2012 年下滑为 7.8%，2013 年为 7.7%，最近的数据显示 2014 年的增长率进一步下降为 7.4%。我国经济增长放缓，具有经济周期和世界经济等外部因素影响的原因，但更为重要的，增长率的持续下降表明中国宏观经济形势可能发生了根本性的转变，反映了中国经济发展到一定水平时，经济结构转换的基本事实。那么，未来中国经济增长有多大潜力？这不仅直接关系到我国宏观经济调控方式和目标制定，对于未来经济发展模式的选择也具有指导意义。

改革开放以来，中国经济保持了年均超过 10% 的高速增长，而在经济高增长背后，主要动力是要素投入的增加。随着经济结构转换，中国经济增长的动力模式将逐渐发生转换，未来经济增长将经历一个换挡期。传统动力将逐渐减弱，新的增长动力模式将逐渐形成并发挥作用。在这种新旧动力交替转换时期，如何分析未来中国经济增长的潜力成了经济学界和政策制定者都十分关注的重大问题。在经济结构转换和要素投入增长开始衰弱的背景下，改革红利对于经济增长的贡献被寄予厚望。因此，评估改革在中国经济增长中的贡献，将是判断中国未来经济增长潜力的另一个重要方面。

9.2 文献评述

9.2.1 关于中国经济增长动力

国内学者中林毅夫（2012）等按照比较优势理论和后发优势理论，揭示了中国过去30多年的成功经验，认为中国通过加大技术创新、基础设施等方面投资，还可以保持20年8%左右的增长速度。张军（2013）运用"收敛假说"分析了中国改革开放30多年来经济高速增长的原因，即较高的资本积累率以及伴随FDI、资本品和中间品进口过程带来的技术进步。不少国外学者运用经济增长理论，对中国中长期经济增长动力以及面临风险进行了研究。不少学者（麦迪逊，1998；Ishiyama，2011；等等）认为中国可以在未来10~20年保持6%~8%的增速。阿诺·辛格（2011）研究以中国为代表的亚洲经济30年增长经验后，认为高速增长的主要原因是采取外向型增长战略，但容易受全球需求突变的不利影响，需要使内需成为增长动力，实现经济增长再平衡。Steve Barnett（1998）等通过研究，认为中国当前的增长因大量借钱投资而面临风险，增长模式不可持续，需要实施一揽子改革，特别是加强金融部门和服务行业的竞争，实现更加平衡和更可持续的增长。

关于增长动力，有的学者从需求角度进行研究。休和凯勒（C. H. Shineand，W. Keller，2007）检验了中国与欧洲各国在工业化和经济增长过程中消费动力的差异性。卡亚纳南（2009）分析了中国和印度的经济增长模式，指出中国的经济增长主要依靠投资驱动。森（W. H. Tsen，2010）指出国内需求和出口是保持中国经济长期增长的重要动力。费登斯坦（A. Feltenstein，2010）以中国为例分析了东亚国家低消费、高投资驱动经济增长的模式容易导致国内银行危机，福利减少。阿基尤兹（2011）认为中国过度依赖出口需求不可能保持未来经济持续增长。邓彦（2006）、李占风和袁知英（2009）认为，中国自从改革开放到现在，对经济增长影响最大的是政府和居民消费需求，其后为投资和出口需求。范剑平（2004）、柳思维等（2009）认为，在短期内，中国的经济增长受投资影响最大，其次是消费。刘伟（2006）、顾海兵（2006）、李含琳、岳敏（2007）和沈坤荣（2010）认为，中国自1978年以来经济增长主要是依赖投资和出口驱动，在后阶段应扩大消费需求驱动经济增长。张军（2010）认为，消费需求不能成为中国后阶段经济增长的长期动力。尹世杰（2009）、姜增伟（2010）、余斌（2010）、江小涓（2010）认为，当前中国应使消费、投资、出口协调驱动经济增长。刘瑞翔、安同良（2011）使用非竞争型投入产出模型，认为包括消费、投资及出口在内的最终需求对我国经济的拉动效果呈下降趋势，当前经济的生产诱发效果重心主要在工业部门，且迅速地从轻工业向重工业转移。

更多学者则是从供给的角度进行研究。邱晓华、郑京平等（2006）通过建立中国经济增长的综合因素模型分析，认为资本投入增加是中国经济增长最主要的源泉，包括结构升级、人力资本效率提高、制度变迁等在内的技术进步的贡献也较强，劳动投入增加的贡献相对较弱。沈坤荣（2007）依据历史数据，认为改革开放30多年来，工业化、城市化、市场化和国际化是支撑中国经济增长的主要动力机制，但增长潜力已受到结构性问题的制约被削弱，未来中国经济稳定协调和可持续发展，需要在发展战略上进行重大调整。王小鲁、樊纲、刘鹏（2008）考察了中国改革开放以来的经济增长方式，发现生产率呈上升趋势，外源性效率提高的因素在下降，技术进步和内源性效率改善的因素在上升。如果能够克服这些负面影响，中国经济在2008～2020年间仍然可能保持9%以上的增长率。蔡昉（2007）依据中国经济发展经验扩展和修正了刘易斯模型，描述了改革开放期间中国特色的二元经济发展路径和推动经济增长的主要因素，认为20世纪90年代以来全要素生产率对经济增长的贡献并不理想。随着刘易斯拐点的到来，传统增长方式赖以作用的条件就发生了变化，经济增长方式向主要依靠生产率提高的转变迫在眉睫。徐家杰（2007）采用修正的索洛模型估计中国1978年以来的全要素生产率发现：1978年以来，中国的全要素生产率增长率和技术进步对经济增长的贡献都很显著；但20世纪90年代中后期以来却在低位徘徊。市场经济运行过程中存在着阻碍技术进步的诸多因素，因此应进一步深化改革。郑京海、胡鞍钢（2008）对中国改革时期的经济进行研究，发现改革的措施往往只能对全要素生产率产生一次性的效应。中国现在需要调整改革方案以促进生产率的持续增长。Hsieh和Klenow（2009）分析了中国和印度制造业内部资源错配的情况，认为如果达到美国的配置效率，中国和印度制造业全要素生产率能够分别提高30%～50%和40%～60%。Song, Storesletten and Zilibotti（2011）根据劳动和资本等生产要素在不同部门之间的重新配置，解释中国长期持续的高投资回报率的事实，从而为转型期中国增长模式提供了一个概括性框架。

9.2.2　关于未来中长期中国经济增长模式及动力转变

王一鸣（2014）认为，中国经济经过30多年的高速增长，已经进入了换挡期，要围绕提高生产效率培养新动力，重点是推进产业转型升级，增强企业创新能力，积极稳妥推进城镇化，"走出去"构建全球化生产运营体系来展开。世界银行和国务院发展研究中心联合课题组（2013）认为，应让技术追赶和创新成为中国未来经济增长的新动力，增强技术能力，提高全要素生产率；认为中国通向创新之路有七大优势：中国制造业规模和能力的全面提升，由于教育发展创新能力得到改善，创业版的推出为风险资本支持创新型企业发展提供了更好的渠道，中国对全球市场的成功渗入，部分地区盛行的企业文化支持了中小企业成长，落后且生产率相对较低的服务业发展潜力巨大，以及城镇化的快速推进。周天勇（2014）认为，传统的增长模式动力渐失，中国经济增长到了一个转折时期，需要获得新的增长动力，要通过改革克服增长的阻力并获得新的增长动力，主要是减税清费、改革财税体制、实行新的财政政策，在放宽创业及小微企业准入上清除行政阻力，搞好创业及小微企业融资和银行业体制改革，通过改革和出台政策落实创新驱动战略，形成促进增长模式转型的土地房屋制度，建立适应更高层次开放的新体制。马晓河（2013）认为，中国当前最大的问题是出口导向型的经济发展遇到阻碍，发达国家对中国需求下降，一些发展中国家还从供给环节替代中国。另外，成本上升、人民币升值导致中国的出口产业利润空间在向零趋近。这样导致的结果就是产能过剩。在这种情况下，加快城镇化是最好的选择。辜胜阻（2014）认为，中国顺利跨越"中等收入陷阱"实现第二次转型，关键在于以下几点。一要扩大居民消费，鼓励民间投资，增强经济增长的内生动力。二要实施积极的城镇化战略，使城镇化成为经济可持续发展的强大引擎。三要选择和培育新的经济增长源。要大力发展战略性新兴产业、现代服务业和公共基础设施业，努力在新的经济增长点上有所突破。同时坚持传统产业的优化升级。四要使创新成为经济增长的驱动力，始终坚持把科技进步和创新作为加快转变经济发展方式的重要支撑，推动发展向主要依靠科技进步、劳动者素质提高和管理创新转变，加快建设创新型国家。原磊（2013）认为，下一阶段中国工业经济增长动力机制将发生转变：一是由投资拉动为主向消费、投资、出口"三驾马车"协同拉动转变；二是由外延式增长向内涵式增长转变；三是由平推式工业化向立体式工业化转变；四是由"低级红利"向"高级红利"转变。预计"十三五"期间，中国工业经济增速仍将处于平稳较快增长区间。李善同（2014）等认为城市化和创新（包括技术创新和制度创新）是今后经济增长的动力。刘世锦等（2013）认为，中国在当前经济增长阶段转换期，潜在增长率下降，需要寻找新阶段的增长动力，要将新动力放在产业升级、创新、基础设施投资和城镇化等方面。

9.2.3 关于中国经济增长潜力的预测

对于未来中国经济增长潜力的判断存在大量的研究，但各种研究之间存在较大的分歧。例如，一部分观点认为，到2020年中国经济增长率可望维持在6%～7%的水平（刘世锦，2014）。另一部分观点则认为具有8%的增长潜力（林毅夫，2014）。袁富华（2010）分析预测了低碳经济约束下的中国潜在经济增长率为8%以下。中国经济增长前沿课题组（2012）透过城市化视角，在生产函数方法下，估计2016～2020年，中国潜在经济增长率为5.7%～6.6%。谢保嵩、雷进贤（2013）基于生产函数法进行了预测，得出的预测区间为7%～7.5%。这些研究是基于某一方面对增长的影响而对未来增长率的预测，对于判断中国的潜在增长率具有重要参考价值。国家发改委经济研究所课题组（2012）从供给角度，重点关注劳动人口、产业变化、外部需求、能源环境等在经济增长的中作用，并在对这些未来因素进行判断的基础上，预测了2020年之前的增长率，将略高于7.5%。但是，该研究并没有一个完整的模型将上述因素统一在一个框架内进行分析。

另外一些研究从经济增长核算角度，通过核算中国经济增长的源泉，对未来中国增长率进行定性判断。例如，郭庆旺、贾俊雪（2004）研究指出，长期以来，中国的经济增长呈现出粗放型增长方式的特点，主要表现为增长由大量资本、能源和原材料以及劳动力投入推动，而技术进步或全要素生产率（TFP）增长对经济增长的贡献比较低，约为 3.6% 。

　　改革开放 30 多年以来，中国经济发展最为显著的特征就是经济结构的不断转换。学术界和政策制定者对中国经济具有普遍共识的观点是，中国未来经济发展进入一个结构转型期，突出表现为人口老龄化和人口结构拐点的到来，产业结构从第二产业主导向第三产业主导的更替。经济增长本质上是要素投入和技术进步的结果，所以，研究中长期增长潜力也就要综合考虑要素投入潜力和技术进步速度。经济结构转换对增长的其他方面具有规定性，包含了要素投入的变化趋势和技术进步速度信息，所以，结合经济结构转型的生产函数框架为增长潜力的预测提供了一个有效视角。本章正是试图在生产函数框架内，提供一种能够抓住经济结构转换这一经济增长根本因素，同时有可能在一个较为简洁的模型中得以实现的预测方法，将投入要素和技术进步的因素综合起来，对经济增长未来的趋势进行定量预测。同时，该模型框架能够应用于评估改革（或制度）因素在经济增长中的作用。

9.3　结构转换与经济增长潜力：模型

　　经济发展是一个结构变迁进而引发投入要素转变和技术（或效率）改进的过程。基于供给角度，索罗模型（Solow，1956）提供了一个经济发展因素的现代分析框架。在该框架下，投入要素和技术进步是经济增长的源泉。以索罗模型为起点，可以建立一个体现结构转型的经济增长综合分析框架。假设生产函数为柯布 – 道格拉斯（C – D）形式：

$$Y = AK^{a}L^{\beta}$$

其中，Y 为总产出，K 为资本存量，L 为劳动投入，A 代表生产技术。C－D生产函数代表了产出与要素投入之间的技术关系，描述了给定时点的投入产出关系，对于描述结构稳定的经济体的增长过程，具有适应性。长期经济增长的生产函数中，技术进步是关键因素，因此，包含了技术进步特征的生产函数形式为：

$$Y = Ae^{\gamma t} K^{\alpha} L^{\beta}$$

其中，γ 表示技术进步率。根据现代经济增长理论，技术进步是决定长期经济增长的关键因素。在长期之内，技术进步并非常数；相反，技术进步的不断演化正是决定经济增长的关键因素之一。

对于发展中国家，特别是正在经历高速增长和后发追赶的经济体，经济发展的突出特征就在于经济结构的变化。结构的变化通过影响要素投入和技术进步率，进而决定经济增长率。本文聚焦于对于中国经济发展最为重要的两个结构性因素，即人口结构和产业结构的变迁。在索罗模型框架中，分析中国经济增长与投入因素以及两个经济结构性因素之间的关系，并根据结构变迁的一般规律预测未来"十三五"期间中国经济增长的潜在增长率。

9.3.1 人口结构与要素投入

由于快速的经济增长和持续的"一孩化"人口政策，中国人口结构近年来发生了显著的变化。2000年中国老年人口比例达到7%，中国开始步入老龄化社会。2011年我国65岁及以上老年人口比重达到9.12%，与同类发展中国家相比明显偏高。可以说，我国仅仅用了几十年的时间就走完了发达国家上百年时间才走完的人口结构转变过程，人口因素开始对我国经济结构的转变和经济增长产生深远的影响。

从生产函数的角度，人口年龄结构对经济增长的影响路径主要有两条，即劳动力供给、资本积累水平。人口年龄结构转变导致劳动年龄人口的变化，从而改变整个社会潜在劳动力的供给。通常，抚养比的提高将降低劳动年龄人口比例，减少劳动力供给；反之，增加劳动力供给。由于已经有大量研究，基于同样的思路给出了人口结构与未来劳动力的预测，下文直接使用这些研究结果。

人口结构对于资本积累水平的影响是间接的，主要是通过影响社会储蓄率来实现的，其中主要包含四个途径。首先，由于少儿和老年人群不能向社会提供劳动力供给，被抚养人口、少儿和老年人口比例提高，劳动年龄人口比例下降，将增加社会抚养负担，从而增加全社会整体的消费率，降低储蓄率；反之，亦然。

其次，假设社会处于一般均衡条件下，资本市场上均衡利率反映了当下资本供给情况与有效劳动力的情况。资本供给不变，劳动力均衡水平的变化将导致均衡利率水平的变化。少儿和老年人口比例提高，劳动年龄人口比例下降，将降低均衡利率水平，降低当期储蓄，增加未来储蓄；反之，将增加当期储蓄，降低未来储蓄。再次，在资本保持不变的情况下，劳动力均衡水平的变化将导致均衡工资水平的变化。少儿和老年人口比例提高，劳动年龄人口比例下降，将提高工资水平，促进消费，降低储蓄；反之，抑制消费，促进储蓄。最后，人口年龄结构的转变将导致财政公共支出规模的变化，为了保持财政预算的平衡，社会税率水平也将发生变化，进而导致社会整体消费储蓄水平的变化。

总之，人口年龄结构转变将通过抚养负担、利率水平、工资水平和税率四条路径影响储蓄率，进而影响资本积累水平即投资和资本存量。综上所述，假设储蓄率与人口结构因素存在如下关系：

$$s = f[L(s), \rho]$$

其中，ρ 为社会总抚养比，综合反映了人口结构的影响。$L(s)$ 是储蓄的滞后项，反映的是储蓄行为受习惯、预期等因素的影响。

在本文的分析框架内，人口结构的转变因素作为影响积累速度的外生变量存在于经济增长模型中。虽然人口生育率和死亡率当然也受经济增长和经济发展水平的影响，但是，从时间频率上，人口结构相对于经济增长具有更大的稳定性。另外，中国人口结构更大程度上是人口政策影响的结果。所以，将人口结构变化看作是经济增长系统之外决定的变量，相对于将其看作内生变量，在实践上是更容易接受的。

9.3.2 产业结构演变与技术进步率

技术进步是决定经济增长的最为核心的因素，而观察未来技术进步率的一个有效视角是产业结构的演变规律。产业结构演变过程包含了整体经济生产率变迁的含义，因此产业结构不断演进和提升对经济增长具有重要影响。

库兹涅茨（1999）利用50个国家的数据进行分析指出，制造业部门占整体产业的比例的增加将伴随着人均国民收入的增长。钱纳里（1989）从分析部门增长的决定要素出发，利用51个国家的经验数据说明，当一个国家的总体经济规模增加的时候，第三产业和第一产业的变化很小，而第二产业增长最大，所以这种工业化模式能使一国的经济资源得到优化配置，从而促进了经济的增长。但一些经济学家（Gregory and Griffin，1974）通过经验数据分析认为，服务行业的快速增长会降低制造业的规模弹性，对于人均收入水平较高的发达国家经济体，促进经济体发展的主要动力是服务业的发展而不是工业化。刘伟（1995）通过将发达国家经济体的早期的经济数据与发展中国家经济体的数据进行比对，发现对于工业化还不完善的发展中国家来说，经济增长得益于工业制造业在产业结构中比例性的上升。工业制造业的增长，对于国内生产总值的增长、技术水平的进步、资本的使用效率和社会劳动生产率都具有重要的影响。

对于发展中国家，这一时期第三产业发展对于经济发展的作用要远
小于第二产业发展的作用，而在工业化完成后，第三产业的发展对
于经济体市场化具有关键作用，从而对于资源配置已经完成优化的
发达经济体来说，第三产业的发展的作用就开始凸显。因此，产业
结构演化对于解释经济增长潜力具有重要意义。

改革开放 30 多年来，我国第一产业增速较低，占 GDP 比重逐
步降低；第三产业发展较快，增速总体比较平稳；第二产业特别是
工业增速高、占比大，成为经济增长的主要动力。第二产业特别是
工业主导经济增长的色彩十分明显。在未来中国经济增长中，工业
化逐渐接近尾声，第三产业的作用日益凸显。袁富华（2012）指出，
20 世纪 70 年代以来，发达国家全社会劳动生产率增长的减速，可以
由产业结构变动和产业劳动生产率变动来解释。从 2013 年起，中国
的产业结构已经开始呈现第三产业增加值占比最大、第二产业次之、
第一产业最小的现代经济特征（刘伟、蔡志洲，2014）。可以看出，
中国产业结构的变化正处于从第二产业主导向第三产业主导的更替
阶段。越是高速增长阶段和后发赶超过程中的经济体，各产业之间
劳动生产率差异越大，产业结构的演化规律解释和预测总体经济的
劳动生产率和总体经济的技术进步就越具有决定性意义。因此，为
了分析和预测未来中国经济增长率，将技术进步设定为：

$$\gamma = b_1 + b_2 X_2 + b_3 X_3$$

其中，X_1，X_3 代表劳动力在产业之间的转移指标，分别用第二产业
和第三产业就业人员比重表示。

综上所述，在索罗模型框架内引入人口结构和产业结构因素，
构建了一个反映经济结构变迁的长期经济增长模型。经济增长方程、
储蓄率方程和资本存量调整方程构成了联立方程系统，刻画了经济
结构转型条件下的经济增长动态过程。具体形式如下：

$$Y = Ae^{(b_1 + b_2X_2 + b_2X_2)t}K^\alpha L^\beta e^\varepsilon$$

$$S = c_1S_{-1} + c_2S_{-2} + c_3\rho + c_4 + \pi$$

$$K = K_{-1}(1 - \delta) + SY$$

其中，Y 表示 GDP，A 表示全要素生产率，K 是资本存量，L 表示劳动投入，γ 表示由产业结构因素代表的经济结构性变化，X_2 表示第二产业就业人口的比重，X_3 表示第三产业就业人口的比重，δ 为资本折旧率，S 为国民储蓄率。ε、π 都是影响方程的其他因素。

9.4 结构转换与经济增长潜力：估计结果

9.4.1 计量模型的估计

国内生产总值，劳动投入，储蓄率，第二、三产业就业人口比重等数据均来自历年《中国统计年鉴》，根据相关研究设定折旧率为 6%，采用永续盘存法估计得到资本存量。样本区间为 1990 ~ 2014 年。

首先，估计引入产业结构因素后的经济增长模型。为了剔除的趋势性影响，获得平稳的时间序列变量，将上述模型中变量取对数后进行差分。同时为了消除自相关带来的影响，采用广义最小二乘法估计经济增长方程。估计结果为：

$$\Delta\ln(y) = 0.1736 - 0.0093X_2 + 0.0020X_3 + 1.1141\Delta\ln(k) + [AR(1) = 0.5073]$$
$$(0.0515)(0.0028)(0.0012) \quad (0.1063) \quad (0.1193)$$
$$(R^2 = 0.7663)$$

其中，y 代表人均 GDP，k 代表人均资本存量。估计结果显示，产业结构确实对经济增长有着显著的影响。

其次，估计包含人口结构因素的国民储蓄率方程。根据拟合优度最大化原则选择储蓄率变量的二阶滞后项作为解释变量，估计结果为：

$$s = 17.7854 + 1.3497s_{-1} - 0.5802s_{-2} - 0.1749\rho$$
$$(3.8534)(0.2012)\quad(0.1632)\quad(0.0403)$$
$$(R^2 = 0.9682)$$

估计结果显示，代表人口结构因素的社会总抚养率变量对国民储蓄率具有显著的影响。同时，设资本累积方程为：

$$K = (1 - 6\%)K_{-1} + sY$$

9.4.2　预测

上述三个方程共同组成经济增长联立模型，其中外生变量为人口结构和产业结构，具体为社会总抚养比率，第二、三产业就业比例。其他变量包括经济增长率、储蓄率、资本存量等为系统内生变量。根据对于外生变量未来数据的预测，通过上述系统模拟，就可以得出未来经济增长率的预测。所以，我们首先预测外生变量的未来可能变化。

参考联合国发布的《世界人口展望》2012 修订版和国家人口和计划生育委员会人口发展战略与"十二五"规划研究课题的理论成果《我国 2010～2050 年劳动力供给和需求预测》所给出的未来预测情况，本文设定我国未来社会抚养率自 2015 年起逐年增加，即由 2014 年的 35.5% 每年增加 0.2 个百分点。根据《中国"十三五"经济增长动力研究报告》，全国就业人数预测如表 9 - 1：

表 9 - 1　全国就业人员数预测

年份	劳动年龄人口（万人）（1）	劳动参与率（%）（2）	就业人员数（万人）（3）＝（1）×（2）
2015	100098	75.08	75151
2016	99977	74.63	74609

年份	劳动年龄人口（万人） （1）	劳动参与率（%） （2）	就业人员数（万人） （3）=（1）×（2）
2017	99536	74.18	73831
2018	99080	73.73	73047
2019	98642	73.27	72280
2020	98226	72.82	71532

注：表中各年份数据均为年平均值。

对于产业结构的预测是基于我国产业结构变化的趋势得到的。自 1978 年以来，第二产业就业人员比重保持了年均 0.36 个百分点的增长速度。根据以往发达国家产业结构变化的历史，可以发现随着经济水平的提高，第二产业所占比重从起初的快速增加，而后趋向于平稳，甚至降低。当前，我国经济正是处于这样一个结构转换的时期，随着人口红利的减少，未来依靠第二产业增长的趋势将会消失。所以在此背景下，本文假设未来第二产业就业人口比重趋于平稳，不会再延续之前的快速增加的态势，特别是由于采掘业和低技术产业比重将下降，预计 2020 年第二产业就业比重的增长将出现明显下降。本文假设自 2014 年起，该比重增速为每年 0.1 个百分点。随着居民收入水平的上升，居民对服务业消费需求的不断增加，以及工业快速发展带来的对于生产性服务业需求的增加，"十三五"期间服务业的就业比重将有所上升。为了方便分析，本文以第三产业的就业人口比例的滞后项作回归，得到历史数据反映的第三产业就业所占比重的发展趋势，从而推断未来第三产业就业比重的具体数值。利用 1979 年至 2013 年的经验数据，以最小二乘法拟合线性发展趋势。

基于上述对未来人口结构和产业结构的变化的情形设定，经济增长联立模型的模拟结果，即对未来中国经济增长率预测结果如图 9-1：

图 9 - 1　我国未来经济增长率预测值

　　预测结果显示，未来"十三五"期间我国经济增长率将会保持在 7.20% ~6.09% 之间。这样的增长速度相比中国过去 30 多年平均 9.7% 以上的增长率显然是一个显著的下降，而且经济增长速度呈现出逐年下滑的趋势。这反映了随着中国经济结构包括人口结构和产业结构转型，增长率必然出现的下降趋势。

9.5　改革与经济增长：模型与估计结果

　　上述分析是从经济结构转换和要素投入演变的角度得到的结果。在经济结构转换和要素投入增长开始衰弱的背景下，通过进一步加快改革，不断释放改革红利，我国经济有望获得新的增长动力。因此，评估改革在中国经济增长中的贡献，将是判断中国未来经济增长潜力的另一个重要方面。

　　制度安排决定经济主体的行为，影响资源配置效率，导致经济绩效的差异。因此，改革的作用可以看作是推动全要素生产率的提高。于是，利用类似于上一节的方法，下面我们建立一个包含改革因素的经济增长模型来评估改革对于经济增长的贡献。由于关注改革的作用，所以我们将产业结构演变变量替换为刻画改革进程的变量。

　　一般认为改革的过程和目标体现为制度的不断优化，因此首先需要选取恰当的能够反映改革贡献的制度变量。我国改革开放30多年来的经济发展过程，本质上是不断改革和制度创新的过程，改革取向是不断改变计划体制的束缚，释放市场活力，促使要素自由流动，发挥市场在资源配置中的决定性作用，因此选择非国有工业企业主营业务收入占比可以反映改革带来的产权制度变化以及企业体制改革、金融体制改革、税收体制改革等一系列改革带来的综合变化，是一个比较综合的代表性变量。城市化进程一方面反映了政府放松户籍管制、推动城镇化建设的政策效果，另一方面也是经济社会文化发展的必然反映，部分反映了改革带来的制度变化。设

$$A(t) = A(0)e^{at}$$

其中，a 表示制度变革带来的资源配置效率的改善，$A(0)$ 为常数。改革开放以来，我国经济制度的变迁体现了市场化方向，具体表现为产权制度变迁，民营资本投资范围扩大，户籍制度改革，劳动力等要素流动加大等。新一届政府执政以来，着力推进改革，加快简政放权，激发市场活力，推进新型城镇化等，这些政策措施既利当前增长又利长远发展。考虑到数据的代表性与可获得性，令：

$$a = c_0 + c_1 R_1 + c_2 R_2$$

其中，R_1、R_2表示改革变量，分别用非国有工业企业占全部工业企业主营业务收入比重，城镇化率作为相应代理变量。于是，C–D生产函数变形为：

$$Y = A(0)e^{(c_0 + c_1 R_1 + c_2 R_2)t} K^\alpha L^\beta$$

经过变形，可得

$$\Delta \ln(y) = c_0 + c_1 r_1 + c_2 r_2 + \alpha \Delta \ln(k)$$

使用 1978～2013 年数据对上述方程进行回归，改革变量取相应代理变量 R_1、R_2 的增长率 r_1、r_2。因为 1990 年就业人口统计数据出现跳跃性变化，考虑到模型结构参数估计的准确性，删除了 1990 年的样本点。回归结果为（回归参数下方括号内为标准差）：

$$\Delta\ln(y) = 0.1666r_1 + 0.6717r_2 + 0.6751\Delta\ln(k) + [AR(1) = 0.6205]$$
$$(0.0844)\quad (0.2132)\quad\quad (0.1063)\quad\quad\quad\quad (0.1766)$$

估计结果显示，改革变量 r_1 和 r_2 的系数在统计上显著。代表非国有经济成分的变量和城镇化率的变量的系数分别为 0.1666 和 0.6717，在经济意义上，对于人均产出增长率具有显著影响。

根据上述估计得到资本份额为 0.6751，劳动份额为 0.3249。于是可以计算历年全要素生产率以及改革的贡献等，结果如表 9 - 2。

表 9 - 2　改革政策对全要素生产率的贡献

年份	经济增长率（%）	TFP（%）	TFP/经济增长率（%）	改革的贡献（%）
2007	14.17	7.27	51.33	0.98
2008	9.63	2.49	25.80	0.68
2009	9.21	1.65	17.90	0.84
2010	10.44	1.84	17.66	0.57
2011	9.30	0.57	6.10	0.59
2012	7.65	- 0.78	- 10.25	0.61
2013	7.67	- 0.47	- 6.11	0.66

由表1可以看出，自 2007 年到 2012 年，我国全要素生产率增长率呈逐年下降趋势，从 7.27% 下降到 - 0.78%。2013 年的全要素生产率的增长率依然为负值，但是下降趋势有所减弱。与全要素生产率变动趋势相一致，改革对经济增长的贡献同期也有所降低，从 2007 年的 0.98% 下降到 2012 年的 0.61%。2013 年为 0.66%，改革的贡献有所增强。

进一步分析改革（或政策）因素在增长中的作用。根据统计，2014年上半年非国有经济成分由 74.95% 提高到了 75.75%，提高了 1.07%；而城镇化率则由 53.73% 提高到 54.31%，提高了 1.08%。根据模型估计结果，可以计算两项代表政策的变量在 2014 年上半年增长中的贡献，见表 9-3。

表 9-3　改革政策的经济贡献

变量	估计系数：c	变化率（%）：r	2013 年增长贡献（%）：c×r	2014 年上半年增长贡献（%）：c×r×2
非国有工业经济成分占比	0.1666	1.07	0.30	0.36
城镇化率	0.6717	1.08	1.47	1.45
新型城镇化政策			0.37	0.36
政策因素合计			0.66	0.72

具体地，非国有经济成分的提高拉动经济增长 0.36 个百分点，代表企业改革、简政放权、行政审批制度改革、金融及税收制度改革等一系列改革的综合贡献。城镇化率的提高拉动经济增长 1.45 个百分点。城镇化率的提高既有本届政府推进新型城镇化政策的效果，也包含经济发展、社会文化进步的规律性因素，同时也有过去 30 多年城镇化发展积累的滞后因素。如果将该贡献平分为新型城镇化政策、经济、社会和文化因素四个方面，则新型城镇化政策对经济的贡献为 0.36 个百分点。因此，2014 年上半年 GDP 比上一年同期增长 7.4%，可以近似认为 0.72 个百分点来自改革贡献，其中，0.36 个百分点来自非国有经济成分占比的提高，反映了简政放权、行政审批制度改革、企业改革、财政税收体制改革、金融体制改革等一系列改革效果，另外 0.36 个百分点来自新型城镇化政策导致的城镇化率的提高。

综合起来，在经历了一段时期的弱化之后，在最近的 2013 年和 2014 年上半年里，改革的作用重新得到了加强。因此，全要素生产率负增长的主要原因应该是产业结构调整带来的技术进步速度的下降。在这种情况下，改革对于维持经济可持续增长的作用显得更加重要。

需要指出的是，改革是一个综合的系统工程，对经济系统的各个变量都会产生影响，选择能够全面准确反映改革的制度变量非常困难，因此本模型在参数选择上虽有一定的合理性，但也是试验性的，计算结果只能在一定程度上近似反映改革对经济增长的贡献。

9.6　结论和政策建议

本章从供给角度，在索罗模型框架下，结合人口结构和产业结构的转型，构建了一个简单的经济增长系统模型，并基于中国实际经济数据和对未来结构转型的情形设定，尝试对中国"十三五"期间经济增长率进行预测。结果显示，"十三五"期间中国经济增长率将出现明显下降。

在没有考虑比如环境资源约束等其他因素对增长的不利影响的情况下，本章预测未来"十三五"期间中国经济增长率将出现明显下降，大约处于 6.09% ~ 7.19% 之间。如果考虑环境资源约束，未来增长潜力可能还会进一步减少。

本章的分析表明，即使不考虑经济周期因素，中国经济发展的阶段性特征的转换也决定了经济增长率的下降。随着人口结构和产业结构的转变，资本积累水平的下降和新增劳动力人口的减少，产业结构转型下的技术进步速度的降低，经济增长速度显著下降。这种经济增长率的下降是一种潜在增长率下降，所以，这意味着未来宏观经济调控应该制定合理的增长目标，不宜继续以往年增长速度为目标而应该有所下调。同时，未来中国经济增长保持较高速度的动力模式也将发生变化。依靠资本和劳动要素高速积累的旧有动力模式逐渐衰弱，未来增长将更多地依靠技术进步和人力资本推动的新的动力模式。在产业结构转型带来全要素生产率增长疲软的情况下，改革作为经济增长的新动力必须发挥更加重要的作用。

当前，我国经济增长的新旧动力正在发生碰撞、出现胶着、孕育转变，一方面传统动力正在出现一定衰减，另一方面新生动力正在快速孕育。但新动力的孕育成长还面临较大阻力和不确定性，需要一定的培育和成长期，新动力全面取代传统动力占据经济增长主导地位还需要较长的时间。因此，为保持"十三五"期间7%左右的经济增长速度，一方面要继续巩固传统的经济增长动力，提升传统动力的质量，防止传统动力和经济增速的过快回落；另一方面要通过体制机制的创新加快培育新生动力，进一步推动城市化，使新动力尽快成长为经济增长的主导力量，力促经济在转型升级中健康发展。

（一）结合城市化进程，继续发挥投资在经济增长中的引领作用。

为保证"十三五"期间经济运行在合理区间，保持一定的较快增速，进一步发挥投资在经济增长中的引领作用仍然很有必要。但需要注意的是，投资领域需要更加明确而不是遍地开花，投资效率需要进一步提高，减少投资的基础效应。事实上，未来我国投资的空间还很大：城市管网、中西部地区铁路等基础设施还比较薄弱，医疗、养老、教育、环保、城市保障房等关系民生领域的投资潜力巨大，企业新产品研究开发、技术创新等方面的投资空间广阔，满足人们不断升级的消费需求同样需要不断增加投资。

（二）加快技术创新步伐，力促工业经济转型升级。

我国仍处在工业化的中后期，并且根据国际经验这个时期可能维持较长时间，同时新型城镇化、信息化任重道远，保持工业经济的较快增长仍然是今后较长时期的重要任务。一方面，随着人们消费需求的不断升级和较快增长，轻工业将继续保持较快发展势头；另一方面，重化工业在当前面临产能过剩、产品同质、附加值低的情况下，迫切需要加大技术创新、产品创新和管理创新的力度，提高企业市场竞争力，以创新促转型。

在当前多数重化工业行业产能过剩比较严重的情况下，一是要坚持并严格执行中央提出的化解落后产能、淘汰过剩产能的相关政策；二是要解放思想，广开思路，积极引进国外资本和民间资本，实施股权多元化，甚至让渡控股权，保持企业持续运营；三是要引进新技术和新产品，逐步加大研发力度，政府要从税收政策上给予企业研发和技术改造更多支持。四是要进一步改革投资管理体制，落实简政放权，释放民间投资的活力，改革创新金融体制机制，增强金融对实体经济的支持力度。

附　录

附表 6-1　部分产品的技术含量指标及中国产品的出口
份额（2003 年）

产品分类号	技术含量指标	出口份额	产品分类号	技术含量指标	出口份额	产品分类号	技术含量指标	出口份额
812*	15600	0.008826	897*	13800	0.004146	751*	16300	0.005386
821*	16100	0.020679	898	24000	0.003631	752*	16600	0.093598
831*	10200	0.011662	899	20400	0.00995	759	19900	0.04365
842*	7910	0.019093	711	21200	0.000237	761*	14800	0.007921
843*	7830	0.027982	712	24300	9.24E-05	762*	12800	0.007446
844*	5450	0.00614	713	25000	0.001857	763*	14300	0.024021
845*	8710	0.032415	714	30600	0.000368	764	19100	0.063372
846*	8600	0.013677	716	20100	0.007152	771*	16700	0.01209
847*	11700	0.005108	718	22300	0.000234	772	22500	0.01273
848*	8310	0.014616	721	26200	0.000731	773*	18000	0.006437
851*	9610	0.028501	722	24000	0.000193	774	28400	0.0007
871*	18700	0.007826	723	26600	0.002125	775*	15300	0.020616
872	27200	0.001861	724	21600	0.002901	776	24100	0.023733
873	22300	0.000497	725	25600	0.000226	778	20500	0.02307
874	28500	0.003948	726	25800	0.000298	781	24900	0.00026
881	21400	0.00239	727	24500	0.000226	782	24100	0.000545
882	26600	0.001684	728	26300	0.003007	783	23200	0.000115
883	22200	1.83E-07	736	25500	0.001416	784	25500	0.005562
884	23500	0.003664	737	23300	0.000594	785*	16300	0.009546

续表

产品分类号	技术含量指标	出口份额	产品分类号	技术含量指标	出口份额	产品分类号	技术含量指标	出口份额
885*	18200	0.004217	741	22100	0.008148	786*	14000	0.010014
892	25100	0.002065	742	25100	0.00146	791	23700	0.000411
893	19800	0.016952	743	24700	0.002474	792	29700	0.000997
894*	14200	0.032823	744	24900	0.003284	793*	18700	0.006896
895	18800	0.002122	745	25000	0.002483			
896	30600	4.37E−05	749	22800	0.009793			

注：产品的技术含量指标和中国产品的出口份额根据本书的相应公式计算得来，原始数据来源见本书的数据说明部分；＊表示技术含量指标低于中等水平。

附图6-1　出口贸易的技术结构分布

以下各图显示了部分年份中国和世界全部237类产品的技术结构分布图，其中横轴为各类产品的技术含量，纵轴为各类产品的出口份额。

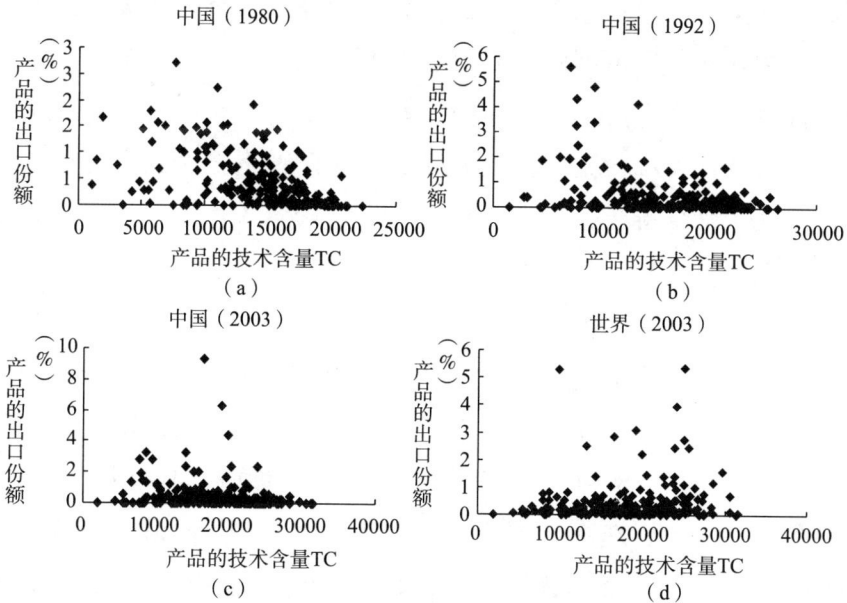

附图6-1　出口贸易的技术结构分布

附录 6 - 1　应该以比较优势为赋值权重吗

HJR 指出，利用比较优势而不是"出口的世界份额"作为产品技术含量的赋值权重，是为了消除国家规模对 PRODY 指数赋值的影响，即可以使得在计算某种产品的技术含量时，给规模较小的国家的人均收入赋以较大的权重。HJR 没有从理论上解释为什么要消除国家规模的影响，而是通过一个例子说明其理由，但通过一个例子也可以发现这种赋值方法的缺陷。例如，一个规模较小的国家仅仅出口某一特定类别的产品，该类产品的出口占据其总出口的比例为 100%，但由于国家规模小，该国该种产品的出口仅仅占该产品世界出口很小的份额，比如 1%；而另一个规模较大的国家出口的许多产品，该特定产品的出口仅仅占据其总出口较小的比例，比如 1%，但由于该国规模较大，该国该类产品的出口占该产品世界出口很大的比例，比如 99%。这意味着小国在该类产品上占据了绝对的比较优势，大国不具有比较优势。如果以比较优势为权重，该类产品的技术含量指标就基本由小国的人均收入水平决定，尽管该类产品主要由大国生产。这显然是不合理的。如果这两个国家的人均收入水平差距较大，比如小国是穷国，大国是富国，则该方法就会使得该类产品的技术含量指标有一个严重向下的偏差。

实际上，某类产品之所以在不同的国家（比如两个国家）生产并进行贸易，必然是由于该类产品中包含各种不同的产品。在垂直型产业内贸易占据国际贸易的重要地位的条件下，各不同产品的技术含量必然不同。Schott（2004）和 Rodrik（2006）指出，即使在 HS 分类的十位码下各国出口相同类别产品的价格也具有较大差异，即证明了这一点。理论上，对产品的完全划分得到所谓"阿罗 - 德布勒"产品，但在实际统计中，这是不可能做到的。所以，某类产品的技术含量实际上是测度该类产品中许多具体产品的技术含量的加权平均值。某类产品的世界总出口中，穷国的出口份额越大，说明该类产品中的低技术含量的产品越多，富国出口份额越大，说明该类产品中的高技术含量的产品越多。因此，相对于比较优势，本书认为各国在该类产品出口上的世界份额作为权重是更为合理的，所以，本书提出的产品技术含量指标以 LJZ 等的复杂性指标为基础。

附录 6 - 2　产品的技术含量 TC 缺陷及克服方法

严格来说，如果某类产品同时被几个国家生产，那么该类产品的技术含量应该是各国在该类产品上的劳动生产率的加权平均。劳动生产率可以用该类产品生产部门的劳动报酬代表。但是，由于不能得到详细产业部门分类下的劳动报酬数据，产品的技术含量 TC 的计算公式，是用经济体的人均收入近似代替该经济体所有生产部门的劳动报酬。显然，对于高技术含量产品的生产部门，劳动报酬一般高于经济体的人均收入，低技术含量产品的生产部门，其劳动报酬一般低于经济体的人均收入。所以，产品的技术含量指标 TC 倾向于为高技术含量的产品赋予一个偏低的值，为低技术含量的产品赋予一个偏高的值。如果利用产品的技术含量测度一个经济体出口的总体技术含量，则倾向于低估高收入国家出口的技术含量，高估低收入国家出口的技术含量。Rodrik（2006）也计算指出，即使在 HS 分类体系的 10 位码下，来自不同国家的同类产品的价格仍然具有较大差别。这意味着来源于不同国家的同类产品的技术含量不同。正如 Xu（2006）指出的，这种"产品内"差异会导致低估高收入国家出口的技术含量，高估低收入国家出口的技术含量。这些问题说明了产品的技术含量指标 TC 存在一定的缺陷。

克服该问题的两种方法是：第一，在公式（＊）中，将各国（或经济体）的人均收入替换为各国（或经济体）各产业的人均收入，或者将各产品的研发支出等数据结合进产品技术含量的赋值公式中。一些国家或经济体统计了不同分类水平下各生产部门的劳动报酬，例如 OECD 统计了产业二位码分类水平下 49 个生产部门的劳动报酬（又被称为劳动生产率）。多数国家统计了产业一位码分类水平下各生产部门的劳动报酬。在产品技术含量的计算中可以将这些信息结合进去，文中提到的偏差将会得到修正。但由于一般的产业分类标准与国际贸易统计的分类标准 SITC 稍有区别，使得计算十分烦琐。第二，直接将产品的价格进一步结合进产品技术含量的赋值公式中。但是，由于本书考察的目的是整个改革开放期间，中国整个出口篮子的技术结构及其变化，而不是局限于某个时期的某个部门（比如常见的对制造业部门分析），无法得到整个时间区间和所有部门的相关数据。重要的是，对经济体出口贸易的技术结构的分析往往在国际比较的背景下进行，而本书方法的缺陷，不影响从国际比较的角度分析各经济体出口技术结构及其变化趋势。当然，如果研究中国的某个具体部门在某个具体时期出口贸易的技术结构，那么在本书方法的基础上，进一步结合相关产品价格因素或相关产业的研发支出数据，将会得到更加准确的结论。

产品的技术含量指标 TC 是一个定距指标，而不仅仅是一个定序指标。产品的技术含量指标 TC 可以被看作定序指标，这本身是没有问题，例如樊纲等（2006）便是如此。但是，定序指标不具有量的大小含义，也不能进行加法运算。所以，把技术含量指标仅仅看作定序指标便无法测度一个经济体出口贸易的技术结构的整体性水平。例如，不能分析中国出口的整体技术水平和技术结构高度，因为这种分析必然要对中国出口各类产品的技术含量进行加总运算。实际上，虽然樊纲等（2006）把技术含量指标看作定序指标，但是，最终仍然对定序指标施行了加法运算。所以，本书宁愿把产品的技术含量指标看作定距指标，但承认该指标存在量上的偏差，而从国际比较的角度应用该指标。

附表 7 - 1　计算基准分布的样本国家

安哥拉	多米尼加	约旦	卢旺达
阿根廷	厄瓜多尔	肯尼亚	塞内加尔
澳大利亚	埃及	韩国	塞拉利昂
奥地利	萨尔瓦多	马达加斯加	南非
孟加拉	埃塞俄比亚	马拉维	西班牙
比利时	芬兰	马来西亚	斯里兰卡
贝宁	法国	马里	苏丹
玻利维亚	德国	墨西哥	瑞典
巴西	加纳	摩洛哥	瑞士
布基纳法索	希腊	莫桑比克	坦桑尼亚
布隆迪	危地马拉	尼泊尔	泰国
柬埔寨	几内亚	荷兰	多哥
卡梅隆	海地	尼加拉瓜	突尼斯
加拿大	洪都拉斯	尼日尔	土耳其
乍得	中国香港	巴基斯坦	乌干达
智利	匈牙利	巴布亚新几内亚	英国
哥伦比亚	印度	巴拉圭	美国
科特迪亚	以色列	秘鲁	越南
捷克	意大利	菲律宾	赞比亚
丹麦	日本	葡萄牙	津巴布韦

附图 7 - 1 中国出口部门累积分布图（横向为技术水平，纵向为概率）

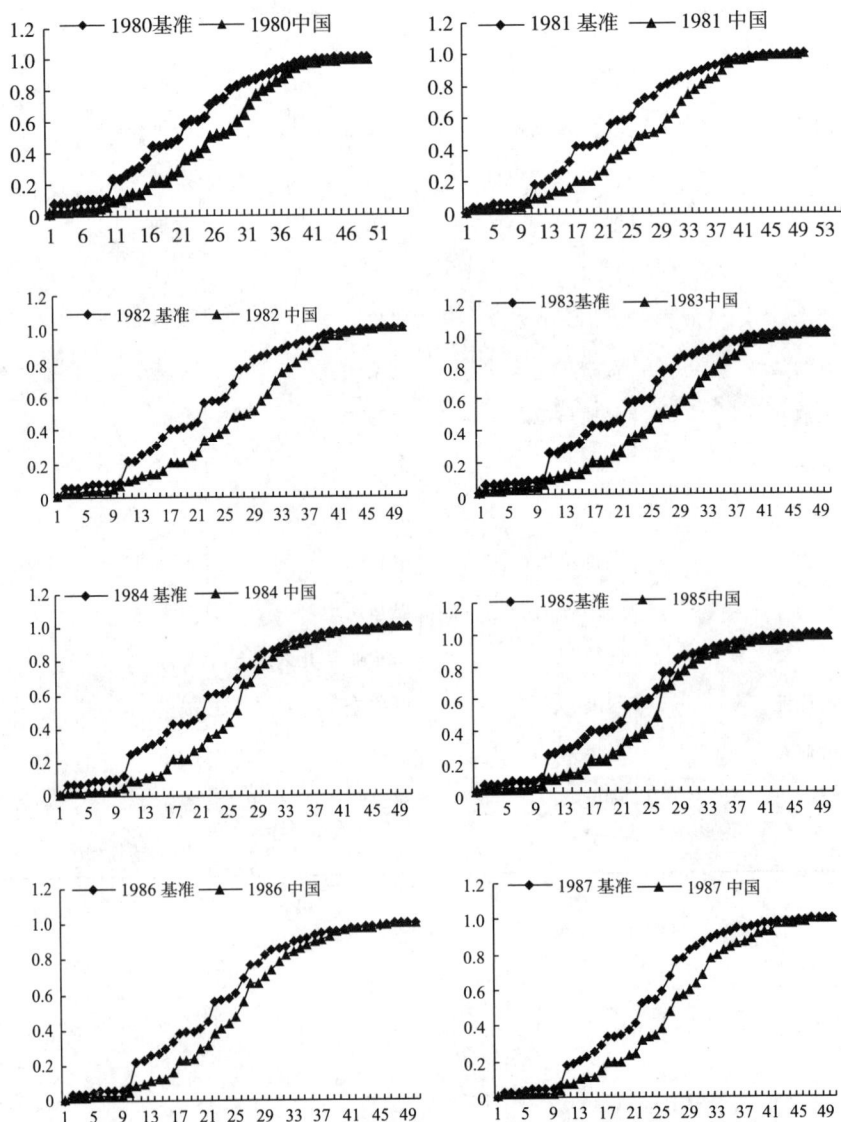

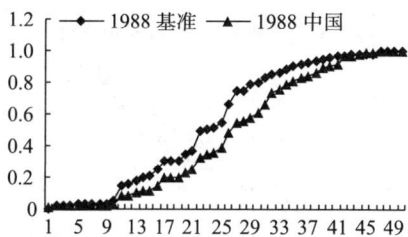

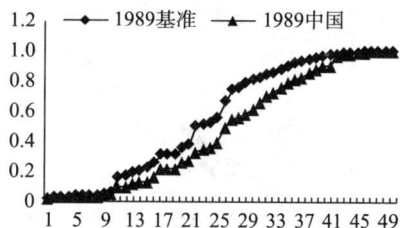

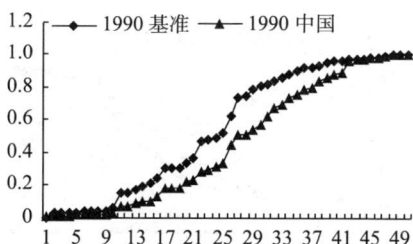

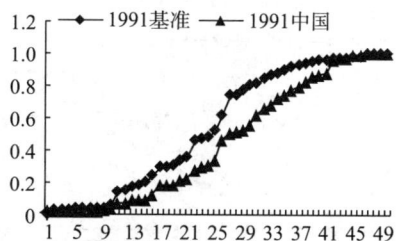

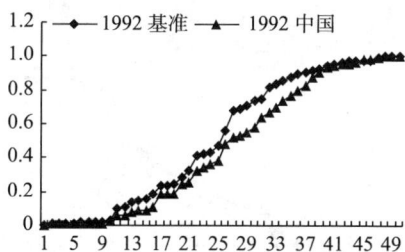

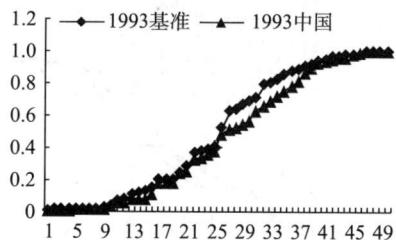

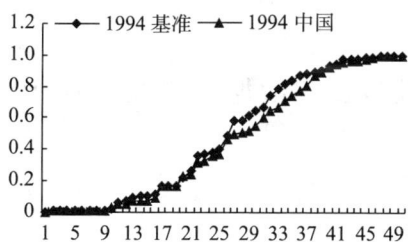

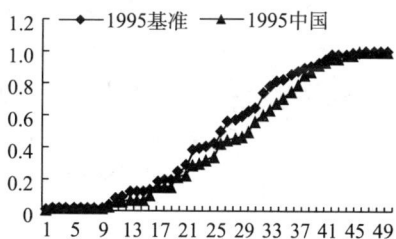

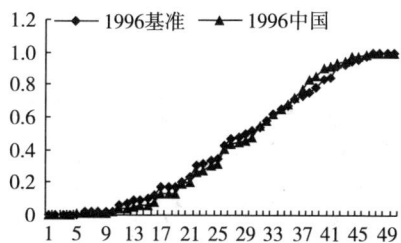

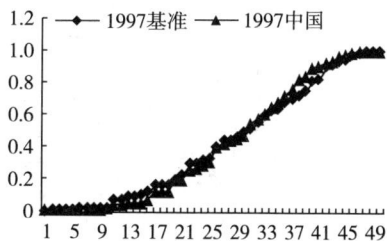

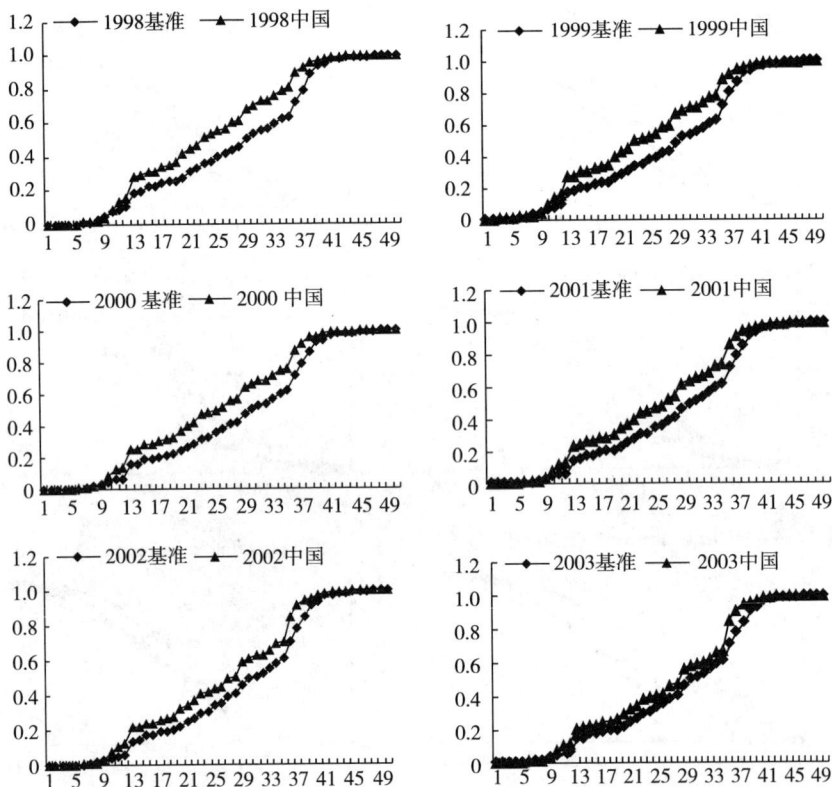

附图 7-2　中国人均 GDP 及以出口额加权的人均 GDP

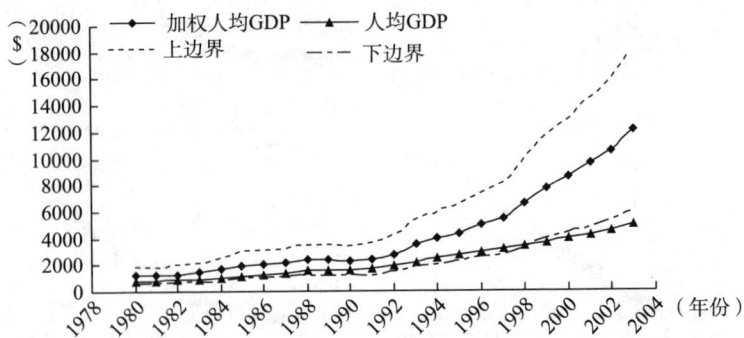

附图 7 - 3 中国经济的技术分布及其基准分布（横向为技术水平，纵向为概率）

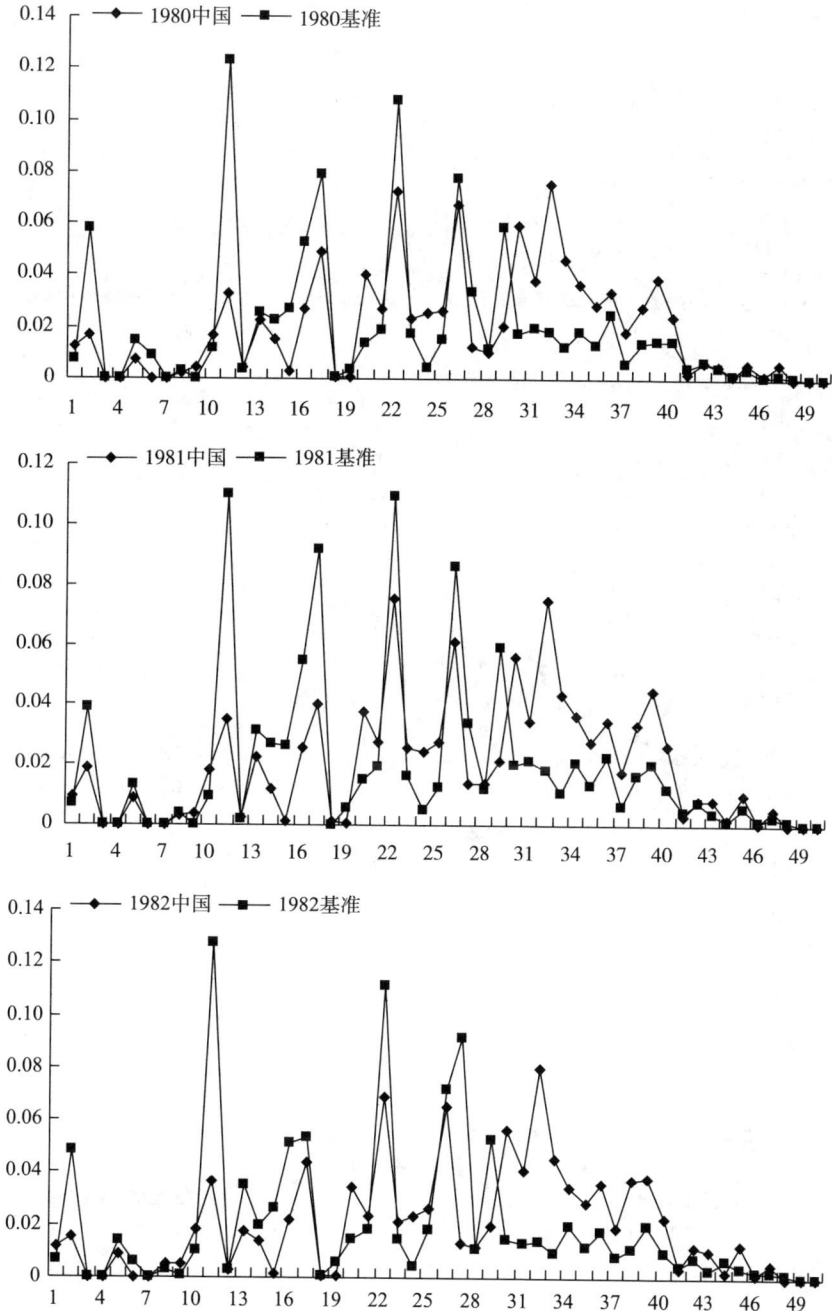

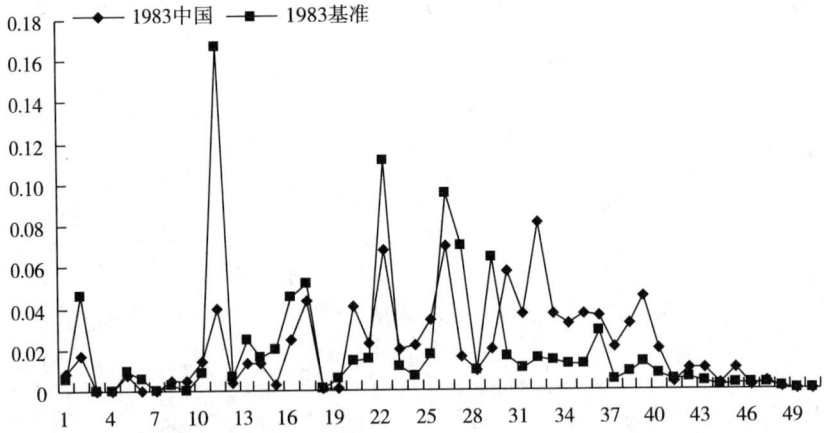

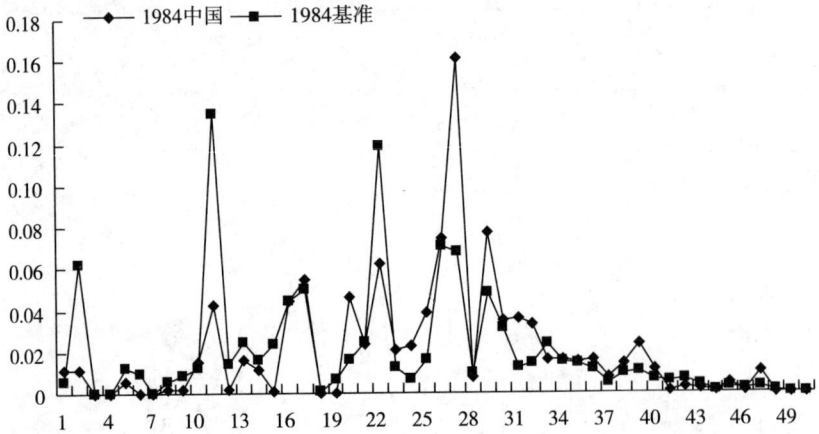

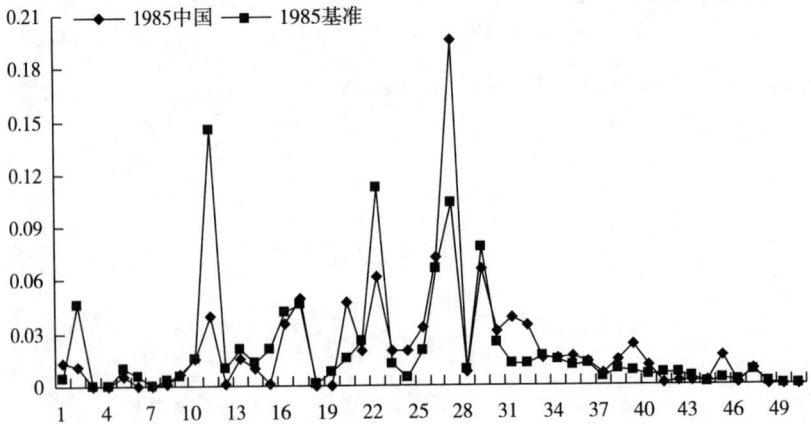

176

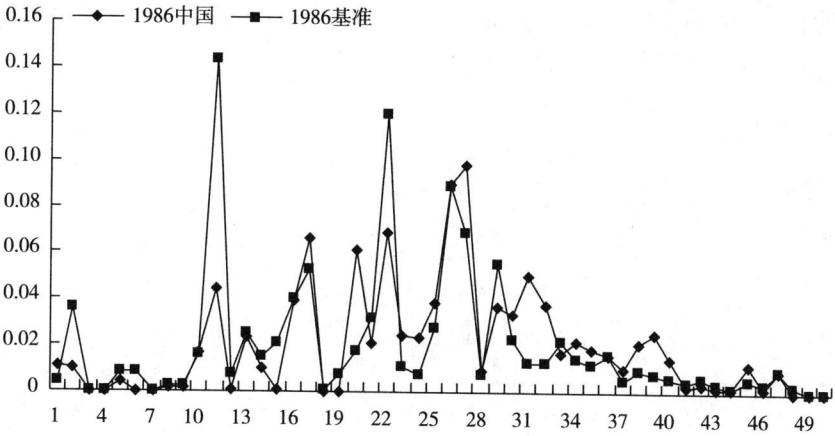

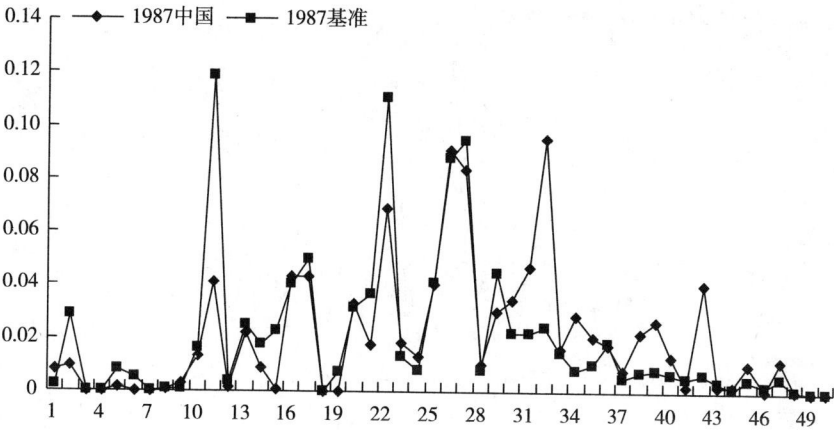

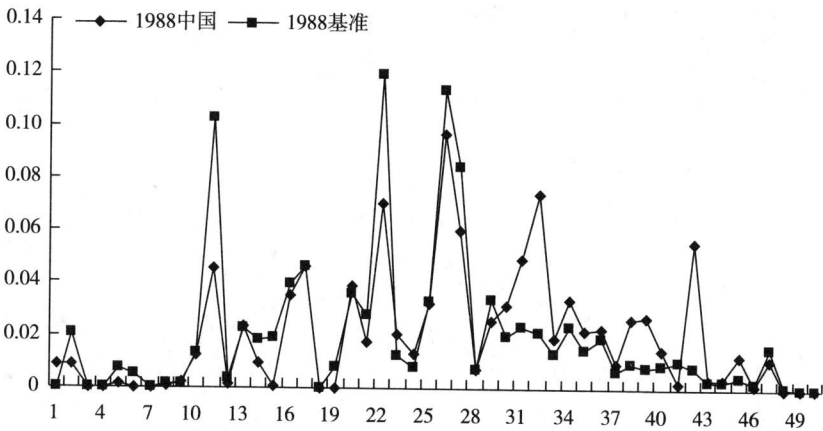

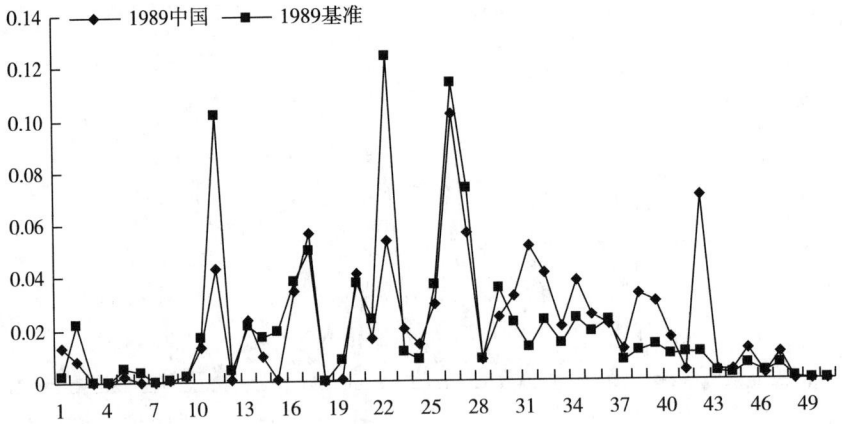
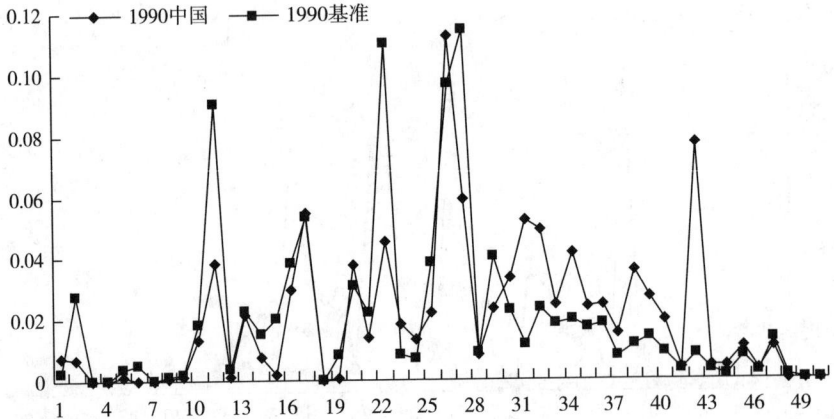
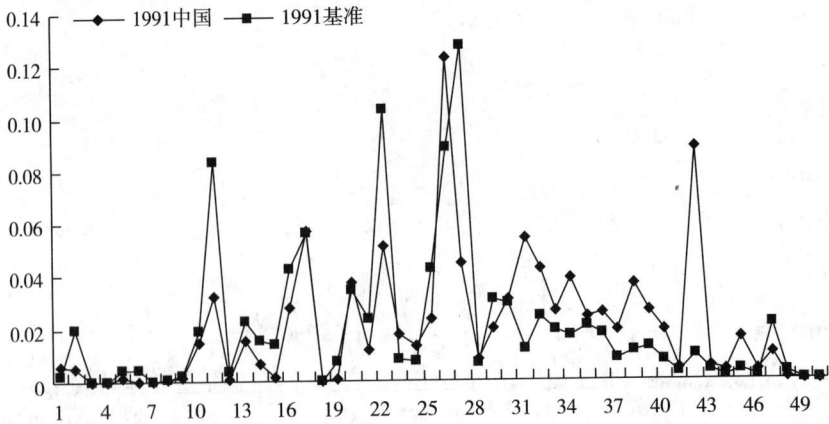

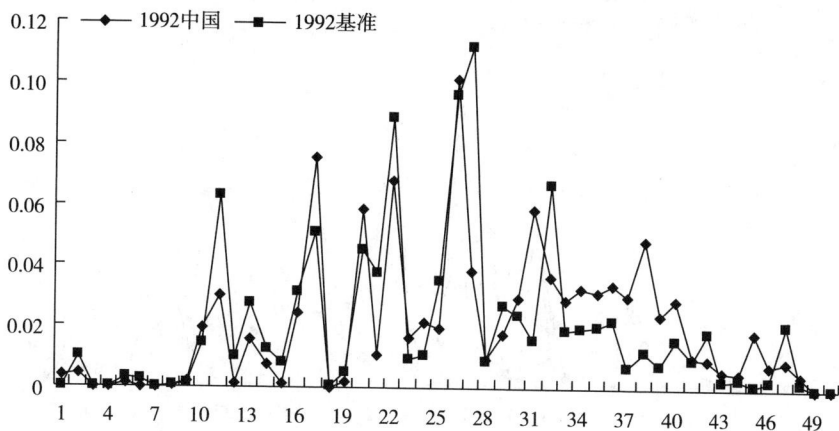

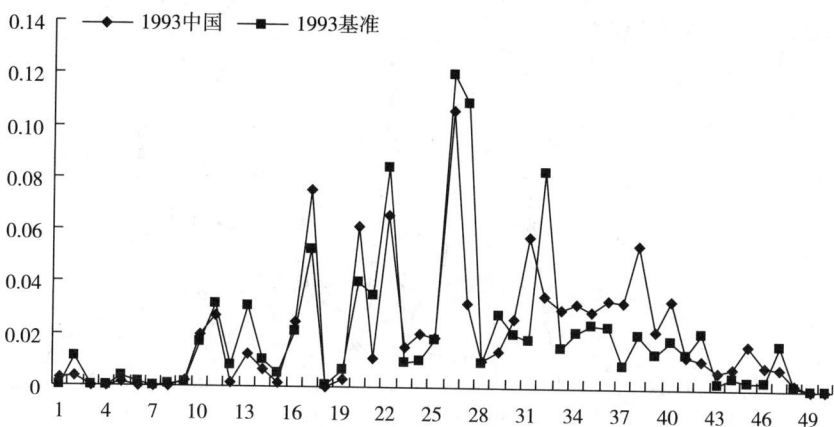

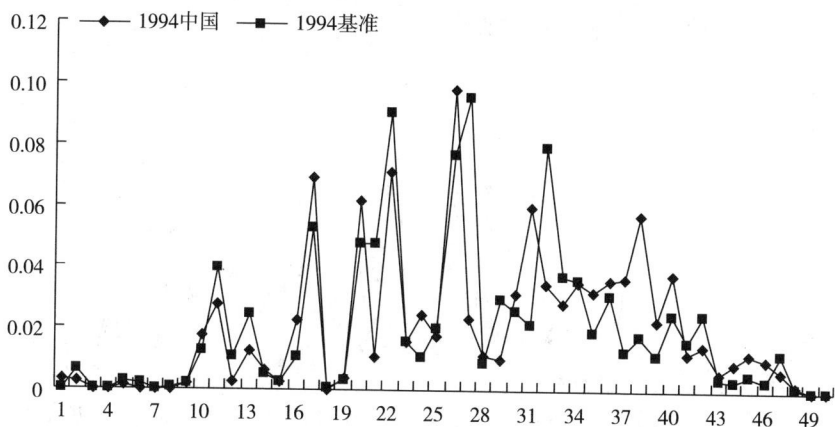

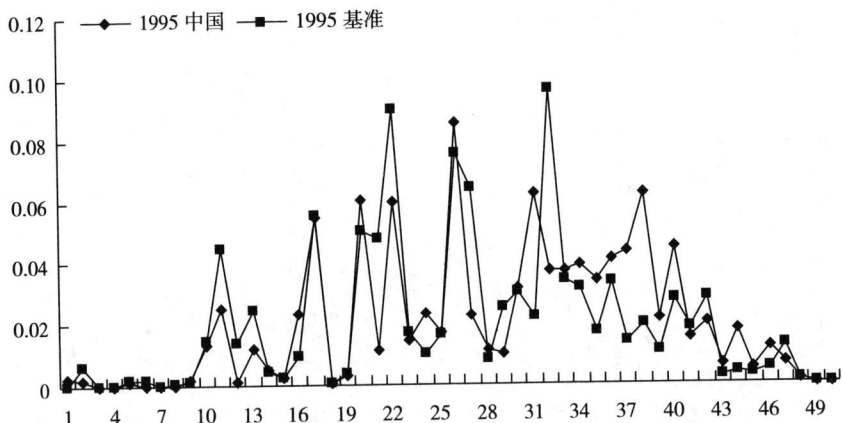

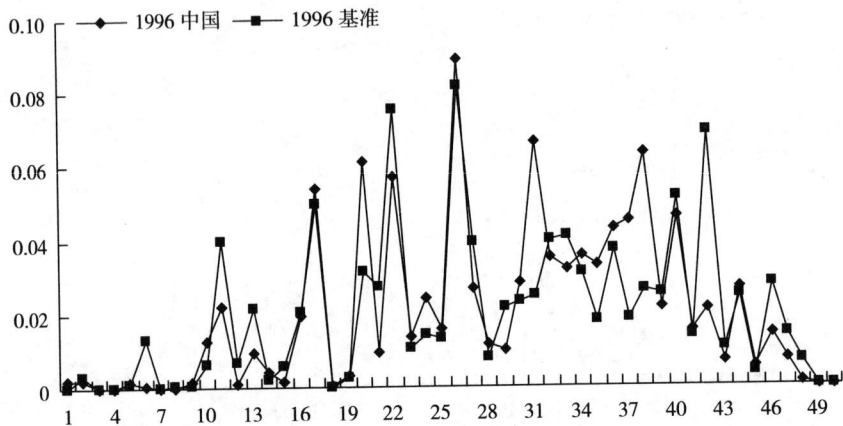

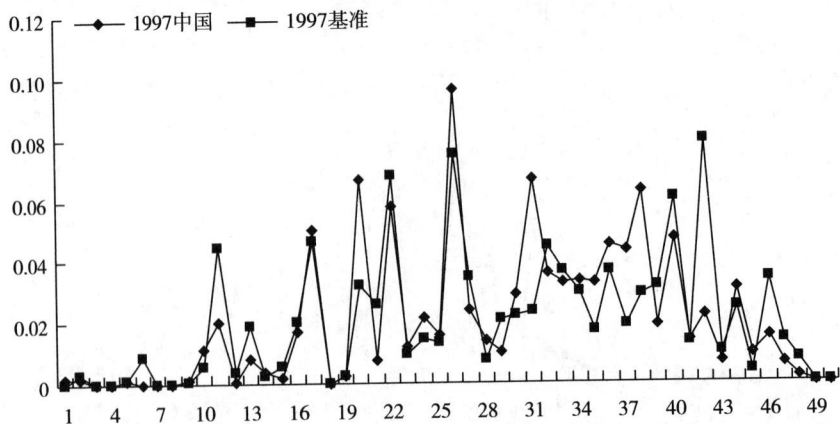

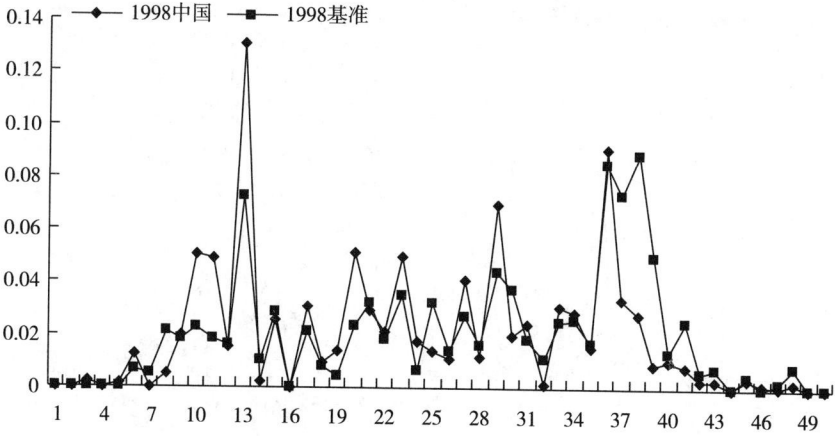

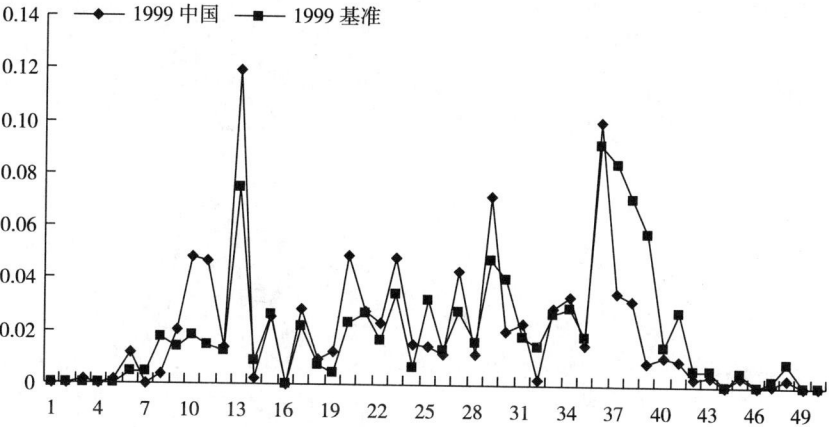

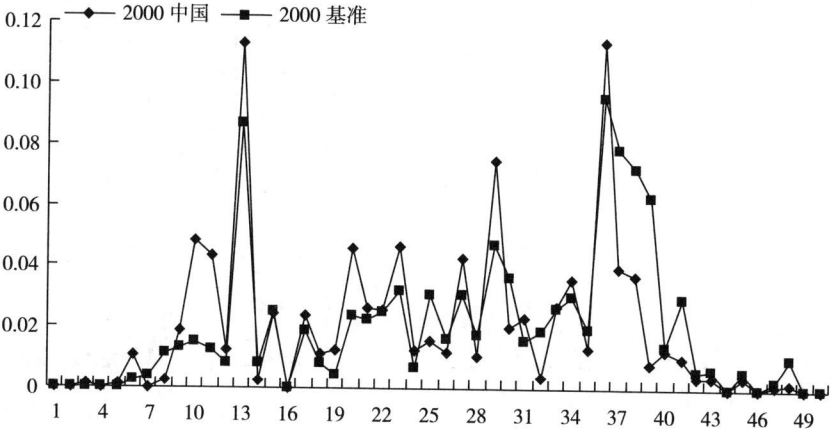

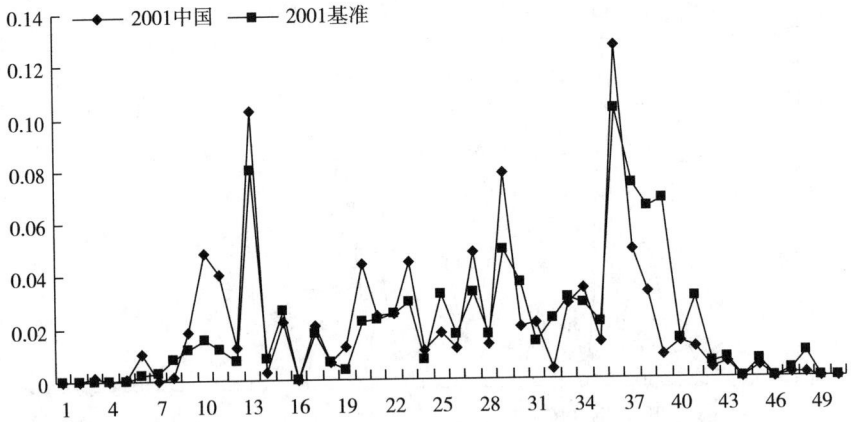

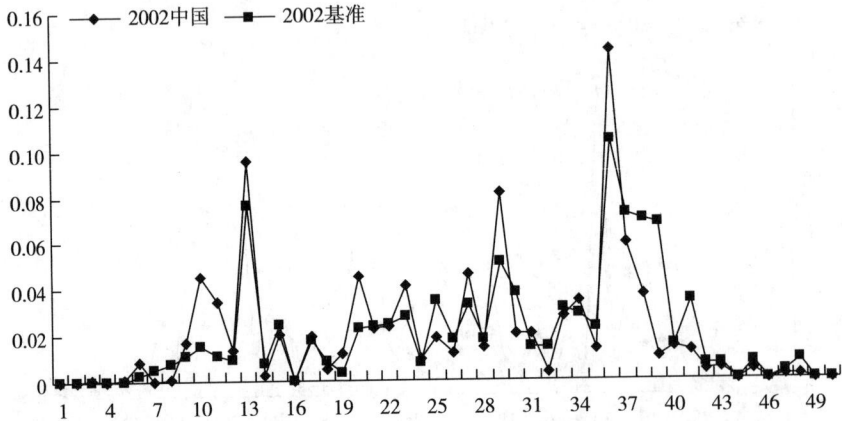

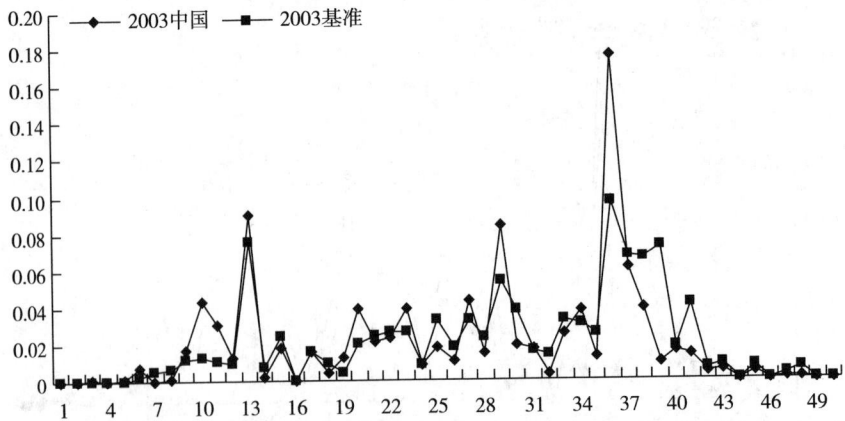

参考文献

一 中文部分

〔英〕阿尔弗雷德·马歇尔：《经济学原理》，朱志泰译，商务出版社，2014。

〔英〕阿瑟·刘易斯：《经济增长理论》，周师铭、沈丙杰、沈伯根译，上海三联书店，1955。

〔美〕艾伯特·赫希曼：《经济发展战略》，经济科学出版社，1991。

〔美〕保罗·克鲁格曼：《萧条经济学的回归》，朱文晖、王玉清译，中国人民大学出版社，1999。

蔡昉、都阳：《中国地区经济增长的趋同与差异——对西部开发战略的启示》，《经济研究》2000年第1期。

崔大沪：《中国外贸依存度的分析与思考》，《世界经济研究》，2004年第4期。

崔新健：《外商对华直接投资的决定因素》，中国发展出版社，2001。

樊纲、关志雄、姚枝仲：《国际贸易结构分析：贸易品的技术分布》，《经济研究》2006年第8期。

〔德〕弗里德里希·李斯特：《政治经济学的国民体系》，陈万煦译，商务印书馆，1997。

盖庆恩、朱喜、程名望、史清华：《要素市场扭曲、垄断势力与全要素生产率》，《经济研究》2015年第5期。

龚关、胡关亮：《中国制造业资源配置效率与全要素生产率》，《经济研究》2013 年第 4 期。

关志雄：《从美国市场看中国制造的实力——以信息产品为中心》，《国际经济评论》2002 年第 7~8 期。

郭庆旺、贾俊雪：《中国潜在产出与产出缺口的估算》，《经济研究》2004 年第 3 期。

国家发改委经济研究所课题组：《面向 2020 年的中国经济发展战略研究》，《经济研究参考》2012 年第 43 期。

简泽：《市场扭曲、跨企业的资源配置与制造业部门的生产率》《中国工业经济》2011 年第 1 期。

江小涓：《中国作为 FDI 东道国的国际地位：比较与展望》，《管理世界》2003 年第 1 期。

〔英〕莱昂内尔·罗宾斯：《经济科学的性质和意义》，朱泱译，商务印书馆，1948。

雷钦礼：《中国经济增长的均衡路径分析》，《统计研究》2002 年第 6 期。

李京文、郑友敬：《技术进步与经济效益》，中国财政经济出版社，1989。

李子奈、潘文卿，《计量经济学》，高等教育出版社，2000。

林毅夫：《中国的奇迹：发展战略与经济改革》（增订版），上海三联出版社，1999。

林毅夫、刘培林：《经济发展战略对劳均资本积累和技术进步的影响——基于中国经验的实证研究》，《中国社会科学》2003 年第 4 期。

林毅夫、潘士远、刘明兴：《技术选择、制度与经济发展》，《经济学季刊》2006 年第 5 卷第 3 期。

刘强：《中国经济增长的收敛性分析》，《经济研究》2001 年第

6 期。

刘世锦等：《中国经济增长十年展望：在改革中形成增长新常态》，中信出版社，2014。

刘伟：《经济发展目标的结构解释》，《经济研究》1995 年第 11 期。

刘伟、蔡志：《产业结构演进中的经济增长和就业——基于中国 2000~2013 年经验的分析》《学术月刊》2014 年第 6 期。

鲁明泓：《制度因素与国际直接投资区位分布：一项实证研究》，《经济研究》1999 年第 7 期。

迈耶等：《发展经济学的先驱》，谭崇台等译，经济科学出版社，1988。

平新乔等：《垂直专门化、产业内贸易与中美贸易关系》，CCER 讨论稿系列，No. C2005005，2005。

钱纳里：《工业化和经济增长的比较研究》，吴奇、王松宝等译，上海三联书店，1995。

任若恩、李洁、郑海涛、柏满迎：《关于中日经济规模的国际比较》，《世界经济》2006 年第 8 期。

邵宜航、步晓宁、张天华：《资源配置扭曲与中国工业全要素生产率——基于工业企业数据库再测算》，《中国工业经济》2013 第 12 期。

沈坤荣、马俊：《中国经济增长的"俱乐部收敛"特征及其成因研究》，《经济研究》2002 年第 1 期。

沈利生：《论外贸依存度——兼论计算外贸依存度的新公式》，《数量经济与技术经济研究》2005 年第 7 期。

沈利生：《中国外贸依存度的测算》，《数量经济与技术经济研究》2003 年第 4 期。

王铮、葛昭攀：《中国区域经济发展的多重均衡态与转变前兆》，

《中国社会科学》2002 年第 7 期。

〔美〕W. 罗斯托:《经济增长阶段》,郭熙保、王松茂译,中国社会科学出版社,2001。

魏浩、毛日昇、张二震:《中国制成品出口比较优势及贸易结构分析》,《世界经济》2005 年第 2 期。

魏后凯:《外商直接投资对中国区域经济增的影响》,《经济研究》2002 年第 4 期。

武剑:《外国直接投资的区域分布及其经济增长效应》,《经济研究》2002 年第 4 期。

〔美〕西蒙·库兹涅茨:《各国的经济增长》,常勋等译,商务印书馆,1999。

谢保嵩、雷进贤:《基于生产函数法的中国潜在产出及经济增长前景研究》,《金融监管研究》2013 年第 12 期。

徐滇庆:《中国 GDP 的统计和国际比较》,《当代中国研究》2006 年第 4 期。

徐康宁、王剑:《美国对华直接投资决定性因素分析》,《中国社会科学》2002 年第 5 期。

许罗丹、谭卫红:《外商直接投资聚集效应在我国的实证分析》,《管理世界》2003 年第 7 期。

许统生:《我国实际贸易依存度的评估与国际比较》,《经济学动态》2003 年第 8 期。

〔英〕亚当·斯密:《国民财富性质和原因的研究》,郭大力、王亚南译,商务印书馆,1997。

杨立岩、潘慧峰:《人力资本、基础研究与经济增长》,《经济研究》2003 年第 4 期。

袁富华:《长期增长过程的"结构性加速"与"结构性减速":一种解释》,《经济研究》2012 年第 3 期。

袁富华：《低碳经济约束下的中国潜在经济增长》，《经济研究》2010 年第 8 期。

〔英〕约翰·伊特韦尔：《新帕尔格雷夫经济学大辞典》（第二卷），陈岱孙主编译，经济科学出版社，1996。

〔美〕詹姆斯·D. 汉密尔顿著，《时间序列分析》，刘明志译，中国社会科学出版社，1999。

张小蒂、孙景蔚：《基于垂直专业化分工的中国产业国际竞争力分析》，《世界经济》2006 年第 5 期。

中国经济增长前沿课题组：《中国经济长期增长路径、效率与潜在增长水平》，《经济研究》2012 年第 11 期。

周方：《科技进步及其对经济增长贡献的测算方法》，《数量经济技术经济研究》1997 年第 1 期。

周建、李子奈：《Granger 因果关系检验的适用性》，《清华大学学报》（自然科学版）2004 年 3 期。

朱喜、史清华、盖庆恩：《要素配置扭曲与农业全要素生产率》《经济研究》2011 年第 5 期。

二　英文部分

Acemoglu, Daron and FabrizioZilibotti, "Productivity Differences," *The Quarterly Journal of Economics*, Vol. 116, No. 2, 2001.

Acemoglu, Daron. "Why Do New Technologies Complement Skills? Directed Technical Change and Wage Inequality," *Quarterly Journal of Economics*, Vol. 113, November 1998.

Agodo, O, "The Determinants of US Private Manufacturing Investments in Africa," *Journal of International Business Studies*, Winter, 1978.

Ahluwalia, Montek S. "Inequality, Poverty, and Development,"

Journal of Development Economics, Vol. 3, December 1976.

Amsden, Alice H. , *Asia's Next Giant: South Korea and Late Industrialization.* Oxford: Oxford University Press, 1989.

Atkinson, Anthony B. and Joseph E. Stiglitz. , "A New View of Technological Change," *Economic Journal*, LXXIX, 1969.

Baily, M. , Hulten, C. , Campbell, D. , Productivity dynamics in manufacturing plants. Brooking Papers on Economic Activity: Microeconomics, 1992.

Balassa, B. et al. , *Development Strategies in Semi-Industrial Economies*, Baltimore: JohnsHopkinsUniversity Press, 1982.

Barro R. and J. W. Lee. "*International Data on Educational Attainment: Updates and Implications,*" Manuscript, Harvard University, February 2000.

Barro, Robert J. and Sala-I-Martin, Xavier, "Convergence," *Journal of Political Economy*, Vol. 100, No. 2, April 1992.

Barro, Robert J. , and Xavier Sala-i-Martin, "Technological Diffusion, Convergence, and Growth," *Journal of Economic Growth*, Vol. 2, No. 1. , March 1997.

Barro, Robert J. , *Determinants of Economic Growth: A Cross-Country Empirical Study*, Cambridge, MA: MIT Press, 1997.

Barro, Robert-J. , Sala-i-Martin, -Xavier, "Economic Growth," *Advanced Series in Economics.* New York; London and Montreal: McGraw-Hill, 1995.

Basu, Susanto, Weil, David N. "Appropriate Technology and Growth," *Quarterly Journal of Economics* Vol. 113, No. 4, November 1998.

Baumol, William J, "Productivity Growth, Convergence, and Welfare: What the Long-Run Data Show," *American Economic Review*, Vol. 76, No. 5, December 1986.

Ben-David, Dan, "Equalizing Exchange: Trade Liberalization and Income Convergence," *Quarterly Journal of Economics*, Vol. 108, No. 3, August 1993.

Berman, Eli, Bound, John and Griliches, Zvi. "Changes in the Demand for Skilled Labor within U. S. Manufacturing: Evidence from the Annual Survey of Manufacturing," *Quarterly Journal of Economics*, 109 (2), May 1994.

Blundell, Rrichaed, Bond, Stephen, "Initial Conditions and Moment Resrictions in Dynamic Panel Data Models," *Journal of Econometrics*, 87 (1).

Brada, Josef C. , "The Economic Transition of Czechoslovakia from Plan to Market," *Journal of Economic Perspectives*, Vol. 5, No. 4, Fall 1991.

Buera, Francisco J. , Joseph P. Kaboski, and Yongseok Shin. "Finance and Development: A Taleof Two Sectors. " American Economic Review 101 (5), 2011.

Caselli, Esquivel, Lefort: "Reopening the Convergence Debate: A New Look at Cross-Country Growth Empirics," *Journal of Economic Growth*, Vol. 1. No. 3, September, 1996.

Caselli, Francesco, Wilbur John Coleman II, "The World Technology Frontier", *American Economic Review*, Vol. 96 (3), 2006

Caselli, Francesco, Nicola Gennaioli. Dynastic Management. Economic Inquiry 51 (1), 2013.

Caselli, Francesco. "Technological Revolutions. " *American Economic Review*, Vol. 89. No. 1, (March), 1999.

Chang, H. J. *The Political Economy of Industrial Policy*. New York: St. Martin's Press, 1994.

Chen, C. "Regional Determinants of Foreign Direct Investment in Mainland China", *Journal of Economic Studies*, 23, 18 – 30, 1996.

Chenery, Hollis B., "Comparative Advantage and Development Policy." *American Economic Review*, Vol. 51, No. 1, 1961.

Chenery, Hollis B. and M. Syrquin, *Pattern of Development*, 1950 – 70, New York: Oxford University Press, 1975.

Cheng, L. K. and Y. K. Kwan. "What Are the Determinants of the Location of Foreign Direct Investment? The Chinese Experience," *Journal of International Economics*, 51, 2000.

Cheng, L. K., Kwan, Y., "FDI Stock and Its Determinants". In: Wu, Y. (Ed.), *Foreign Direct Investment and Economic Growth in China*, Chapter 3. Edward Elgar, Cheltenham, 1999.

Chu, T., Exit barriers and productivity stagnation. Manuscript, University of Hawaii. 2002.

Cline, William. "Distribution and Development: A Survey of the Literature," *Journal of Development Economics*, Volume 1, Issue 4, 1975.

Crego, Al, Donald Larson, Rita Butzer, and Yair Mundlak. "A New Database on Investment and Capital for Agriculture and Manufacturing", *The World Bank Economic Review*, Volume 14, May 2000.

Dani Rodrik, "What's so Special about China's Exports?", *NBER*, *Working Paper* 11947, 2006.

Desai, Padma, and Martin, Richard, "Efficiency Loss from Resource Misallocation in Soviet Industry.", *Quarterly Journal of Economics*, Vol. 98, No. 3, 1983.

Diwan, I. and Rodrik, D. "Patents, Appropriate Technology, and North-South Trade," *Journal of International Economics*, Volume 30, Issues 1 – 2, 1991.

Dollar, David. "Outward-oriented Developing Economies Really Do Grow More Rapidly: Evidence from 95 LDCs, 1976 – 1985," *Economic Development and Cultural Change*, Vol. 40, No. 3, 1992.

Domar, Evsey. "Capital Expansion, Rate of Growth, and Employment." *Econometrica*, Vol. 14, No. 2, 1946.

Dunning, J. , 1998, "Location and MultinationalEnterprise: A Neglected Factor?", *Journal of International Business Studies*. Vol. 29, pp. 45 – 46

Durlauf, Steven N. , "Nonergodic Economic Growth", *Review of Economic Studies*, 60 (2): April 1993.

Durlauf, Steven N. , and Danny Quah. "The New Empirics of Economic Growth," In *Handbook of Macroeconomics*, ed. John B. Taylor and Michael Woodford, Vol. 1A (North Holland Elsevier Science) chapter 4, 1999.

Easterly, William and Hairong Yu. "Global Development Network Growth Database", *http://www. worldbank. org/research/growth/GDNdata. htm* 2000.

Eduardo Borensztein, De Gregorio, Jong-Wha Lee, 1995, "How does Foreign Direct Investment Affect Economic Growth?" *NBER Working Paper* No. 5057

Edwards, Sebastian, *Crisis and Reform in Latin America: From Despair to Hope*, New York: Oxford University Press, 1995.

Falvey, Rodney E. "Commercial Policy and Intra-Industry Trade," *Journal of International Economics*, Vol. 11, Issue 4, 1981.

Feder, G. , Lau, L. , Lin, J. Y. , and Luo, X. "The Determinants of Farm Investment and Residential Construction in Post-Reform China," *Economic Development and Cultural Change* (with Feder, Lau, and Luo) Vol.41, 1992.

Feenstra, R. C. , "Integration of Trade and Disintegration of Production in the Global Economy", *The Journal of Economic Perspectives*, Vol12, Issue 4, 1998.

Fei, John, Ranis, Gustav, Kuo, Shirley W. Y. , *Growth with Equity: the Taiwan Case*, New York: Oxford University Press, 1979.

Fields, Gary S. "Growth and Income Distribution" in George Psachropoulos, ed. *Essays on Poverty, Equity, and Growth*, Oxford: Pergamon, 1991.

Finger, J. M. and M. E. Kreinin. , "A Measure of 'Export Similarity' and Its Possible Uses," *Economic Journal*, Vol.89, No.356, 1979.

Frankel, Jeffrey, and David Romer. "Does Trade Cause Growth?" *American Economic Review*, Vol.89, No.3, 1999.

G. Grossman and E. Helpman, *Innovation and Growth in the Global Economy.* Cambridge: MIT Press, 1991.

Galor, Oded and Zeira, Joseph. "Income Distribution and Macroeconomics", *Review of Economic Studies*, Vol.60, No.1, 1993.

Gerschenkron, A. , *Economic Backwardness in Historical Perspective.* Cambridge, Mass. : Harvard University Press, 1962.

Greenaway, D. , R. Hine, and C. Milner "Vertical and Horizontal Intra-Industry Trade: A Cross Industry Analysis for the United Kingdom," *Economic Journal*, 105, 1995

Griffin, Keith. *Alternative Strategies for Economic Development*, 2nd edition, London and New York: St. Martin's Press, 1999.

Grossman, G. M. and E. Helpman, "Integration versus Outsourcing in Industry Equilibrium", *Quarterly Journal of Economics*, Volume 117, Issue 1, 2002.

Grossman, G. M., and E. Helpman, "Outsourcing in a Global Economy," *Review of Economics of Studies*, 72 (1), 2005.

Grossman, Gene M. and Helpman, Elhanan. "Endogenous Innovation in the Theory of Growth," *Journal of Economic Perspectives*, Vol. 8. No. 4, 1994.

Harberger, Arnold C., *World Economic Growth*. San Francisco: ICS Press, 1985.

Harrison, Ann, "Openness and Growth: A Time-Series, Cross-Country Analysis for Developing Countries," *Journal of Development Economics*, Volume 48, Issue 2, 1996.

Harrod, Roy F. "An Essay in Dynamic Theory," *Economic Journal*, Vol. 49, No. 193, 1939.

Hausmann, Ricardo, Jason Hwang, and Dani Rodrik, "What You Export Matters?" NBER, Working Paper 11905, 2006.

Hayami, Yujiro and Ruttan, Vernon. *Agricultural Development: An International Perspective*, Baltimore: John Hopkins University Press, 1985.

Head, K. and J. Ries, "Inter-city Competition for Foreign Investment: Static and Dynamic Effects of China's Incentive Areas," *Journal of Urban Economics*, 40, 1996.

Henisz, Witold J. "The Institutional Environment for Economic Growth," *Economics and Politics* 12 (1), 2001.

Hirschmann, A. O., *The Strategy of Economic Development*. New Haven: Yale University Press, 1958.

Hopenhayn, H., "Entry, Exit, and Firm Dynamics in Long Run Equilibrium," *Econometrica*, 60, 1992.

Hopenhayn, H., On the Measure of Distortions, NBER Working Paper No. 20404, Issued in August 2014

Hsieh, Chang-Tai, and Peter J. Klenow. "Misallocation and Manufacturing TFP in China andIndia," Quarterly Journal of Economics 124 (4): 2009.

Hughes, Helen, ed. *Achieving Industrialization in East Asia*. Cambridge: Cambridge University Press, 1988.

Hummels, D. J., and Kei-Mu Yi, "The Nature and Growth of Vertical Specialization in World Trade," *Journal of International Economics*. 54, 2001.

Hurlin, C. and and B, *Venet Granger Causality Tests in Panel Data Models with Fixed Coefficients*, Working Paper, *EURIsCO*, University Paris IX Dauphin, 2001.

Ikeda and Hu Xin, *The Reconstruction of Economic Structure in Taiwan and Its Prospect for Development*, China Economics Press, 1993.

Isard, W., *Location and Space Economies.*, MIT, New York, 1956.

James, William E., Naya, Seiji, and Meier, Gerald M. *Asian Development: Economic Success and Policy Lessons*. San Francisco: ICS Press, 1987.

John C Dougherty, A Comprison of Productivity and Economy Growth in the G-7 Countries, Ph. D. thesis, Harvard University, 1991.

Johnson, C. *The Industrial Policy Debate*. San Francisco: Institute for Contemporary Studies, 1984.

Jones, Charles I, Misallocation, Economic Growth, and Input-Output Economics, in D. Acemoglu, M. Arellano, and E. Dekel, *Advances in Economics and Econometrics*, *Tenth World Congress*, Volume II, Cambridge University Press. 2013.

Katz, L. F, and Murphy, K. M. , "Changes in Relative Wages, 1963 – 1987: Supply and Demand Factors", *Quarterly Journal of Economics*, 107 (1), 1992.

Klenow, Peter and Rodriguez-Clare: "The Neoclassical Revival in Growth Economics: Has it Gone Too Far?" *NBER Macro Annual* 1997.

Kruger, A. O. , "The Political Economy of the Rent-seeking Society," *American Economic Review*, Vol. 64, No. 3, 1974.

Kruger, A. O. , *Economic Policy Reform in Developing Countries*. Oxford: Basil Blackwell, 1992.

Krusell, Per; Ohanian, Lee E. ; Rios-Rull, Jose-Victor; and Violante, Giovanni L. "Capital-Skill Complementarity and Inequality: A Macroeconomic Analysis," *Econometrica*, Vol. 68. No. 52000.

Kuznets, Simon. "Economic Growth and Income Inequality," *American Economic Review*, Vol. 45, 1955.

La Porta, Rafael, Lopez-de-Silanes, Florencio, Shleifer, Andrei, and Vishny, Robert W. "The Quality of Government," *Journal of Law, Economics, and Organization*, 15 (1), 1999.

Lal, Deepak. "Nationalism, Socialism and Planning: Influential Ideas in the South," *World Development*, Vol. 13, No. 6, 1985.

Lal, Deepak. *The Poverty of Development Economics*, London: IEA, Hobart Paperback 16, 1983.

Lall, S. , "The Technological Structure and Performance of Developing Country Manufactured Exports, 1995 – 1998", *Oxford Development Studies*, 28 (3), 2000.

Lall, S., John W. and Jinkang Zhang, "The 'Sophistication' of Exports: A New Measure of Product Characteristics", *World Development*, Vol. 34, No. 2, 2006.

Lall, S., John W. and Jinkang Zhang, "The 'Sophistication' of Exports: A New Measure of Product Characteristics", *World Development*, Vol. 34, No. 2, 2006.

Lau, Lawrence J, *Models of Development. (Revised and Expanded)* San Francisco: ICS Press, 1990.

Lee, Jong-Wha. "Capital Goods Imports and Long Run Growth," *Journal of Development Economics*, 48, 1995.

Levine, Ross and Zervos, Sara. "Stock Markets, Banks, and Economic Growth," *American Economic Review*, 88 (3) 1998.

Lin, Justin Y. and YangYao. "Chinese Rural Industrialization in the Context of the East Asian Miracle," in Joseph E. Stigilitz and Shahid Yusuf eds. *Rethinking the East Asian Miracle*, Oxford and New York: the Oxford University Press, 2001.

Lin, Justin Yifu and Guofu Tan. "Policy Burdens, Accountability, and the Soft Budget Constraint," *American Economic Review : Papers and Proceedings*, Vol. 89, No. 2, 1999.

Lin, Justin Yifu, "Rural Reforms and Agricultural Growth inChina," *American Economic Review*, Vol. 82, No. 1, 1992.

Lin, Justin Yifu, "The Household Responsibility System Reform in China's Agricultural Reform: A Theoretical and Empirical Study," *Economic Development and Cultural Change*, Vol. 36, No. 3, 1989.

Lin, Justin Yifu, "Development strategy, Viability and Economic Convergence", *Economic Development and Cultural Change*, Vol. 53, No. 2 2003.

Lin, Justin Yifu, Cai, Fang, and Li Zhou. *China's State-owned Firm Reform*, Taipei: Linking Press, 2000; English edition, Chinese University of Hong Kong Press, 2001.

Lin, Justin Yifu, Cai, Fang, and Li, Zhou. "The Lessons ofChina's Transition to a Market Economy." *Cato Journal*, Vol. 16, 1996.

Lin, Justin Yifu, Cai, Fang, and Li, Zhou. *The China Miracle*: *Development Strategy and Economic Reform*. Shanghai: People's Press and Sanlian Press, 1994.

Lin, Justin Yifu, Cai, Fang, and Li, Zhou. "Competition, Policy Burdens, and State-owned Firm Reform," *American Economic Review*: *Papers and Proceedings*, Vol. 88, No. 2, 1998.

Lin, Justin Yifu. "Prohibition of Factor Market Exchanges and Technological Choice in Chinese Agriculture," *Journal of Development Studies*, Vol. 27, No. 4, 1991.

Lin, Justin Yifu. "The Financial and Economic Crisis in Asia: Causes and Long-term Implications," *The New Social Policy Agenda in Asia*: *Proceedings of the Manila Social Forum*, Manila: Asian Development Bank, 2000.

Lucas, Robert E. "On the Mechanism of Economic Development," *Journal of Monetary Economics*. Vol. 22, no. 1, 1988.

Lucas, Robert E., Jr. "Making a Miracle," *Econometrica*, Vol. 61, No. 2, 1993.

Lucas, Robert E., Jr., "On the Size Distribution of Business Firms," Bell Journal of Economics, 9, 1978.

Maddison, *Angus. Monitoring the World Economy* 1820 – 1992. Paris: OECD 1995.

Mankiw, N. Gregory, Romer, David and Weil, David N. "A contribution to the empirics of economic growth," *Quarterly Journal of Economics*, *vol.* 107, no. 2, 1992.

Mankiw, N. G., Romer D., and Weil D. N., "A Contribution to the Empirics of Economic Growth," *Quarterly Journal of Economics*, 107, 1992.

McKinnon, R. *Money and Capital in Economic Development*, Washington, D. C. Brookings Institution, 1973.

Melitz, "The Impact of Intraindustry Trade Reallocations and Aggregate Industry Productivity," *Econometrica*, 71 (6), 2003.

Michaely, Michael. "Exports and Growth: An Empirical Investigation," *Journal of Development Economics*, Vol. 4 No. 1, 1977.

Midrigan, Virgiliu, and Daniel Yi Xu. "Finance and Misallocation: Evidence from Plant-Level Data: Dataset," American Economic Review. http://dx. doi. org/10. 1257/aer. 104. 2. 422. 2014.

Murphy, Kevin M., Andrei Shleifer, and Robert W. Vishny. "Incomedistribution, Market size, and Industrialization," *Quarterly Journal of Economics*, Vol. 104, No. 3, 1989.

Murphy, Kevin M., Andrei Shleifer, and Robert W. Vishny. "Industrialization and Big Push," *Journal of Political Economy*, Vol. 97 No. 5, 1989.

NazrulIslam, "Growth Empirics: a Panel Data Approach," *Quarterly Journal of Economics*, 110, 1995.

Nurkse, R. *Problems of Capital Formation in Underdeveloped Countries*. First published in 1953. New York: Oxford University Press, 1967.

Okimoto, D. *Between MITI and the Market: Japanese Industrial Policy for High Technology*. Stanford: Stanford University Press, 1989.

Pack, Howard. "Endogenous Growth Theory: Intellectual Appeal and Empirical Shortcomings," *Journal of Economic Perspectives*, Vol. 8 No. 4, 1994.

Parente, S., Prescott, E. C. Monopoly Rights: A Barrier to Riches. American Economic Review 89, 1216 – 1233. 1999.

Paukert, Felix. "Income Distribution at Different Levels of Development: A Survey of Evidence," *International Labour Review*, 1973.

Pearson, et al., *Partners in Development: Report of the Commission on International Development*. New York: Praeger, 1969.

Perkins, D. H. and M. Roemer, eds. *Reforming Economic System in Developing Countries*. Cambridge: Harvard University Press, 1991.

Prebisch, Raul. "Commercial Policy in the Underdeveloped Countries," *American Economic Review*, *Papers and Proceedings*, Vol. 49, No. 2, May 1959.

Quah, Danny T. "Empirical Cross-Section Dynamics in Economic Growth," *European Economic Review*, 37, 1993.

R. Caves, *Multinational Enterprises and Economics Analysis.*, CambridgeUniversity Press, 1982

Rajan, R. G., and L. Zingales. "Financial Dependence and Growth," *American Economic Review* 88 (3), 1998.

Ranis, Gustav, and Mahmood Syed. *The Political Economy of Development Policy Change*. Cambridge, MA: Blackwell, 1992.

Redding, Stephen, "Dynamic Comparative Advantage and the Welfare Effects of Trade," *Oxford Economic Papers* 51, 1999.

Restuccia, Diego, and Richard Rogerson, "Policy Distortions and Aggregate Productivity with Heterogeneous Plants," Review of Economic Dynamics, 11, 2008.

Richard E. Baldwin Phililppe Martin, Two Waves of Globalization: Superficial Similarities, Fundamental Differences. *NBER Working Paper*, Jan. 1999.

Robert E. Hall and Charles I. Jones, "Why Do Some Countries Produce So Much More Output per Woker Than Others?" *Quarterly Journal of Economics*, Vol. 114 (1), 1999.

Rodriguez, Francisco, and Dani Rodrik, "Trade Policy and Economic Growth: A Skeptic's Guide to the Cross-National Evidence," in B. Bernanke and K. Rogoff, *NBER Macroeconomics Annual* 2000, Cambridge, MA, MIT Press, 2000.

Romer D. *Advanced Macroeconomics*, New York; McGraw-Hill, 2001.

Romer, Paul M. "The Origins of Endogenous Growth," *Journal of Economic Perspectives*, Vol. 5, 1994.

Romer, Paul. "Increasing Returns and Long-run Growth," *Journal of Political Economy*, Vol. 94, No. 5, 1986.

Rosenstein-Rodan, P. "Problems of Industrialization of Eastern and South-eastern Europe," *Economic Journal*, Volume 63, Issue 44, 1943.

Sachs, Jeffrey D. and Andrew Warner "Economic Reform and the Process of Global Integration," *Brookings Papers on Economic Activity*, No. 1, 1995.

Sala-i-Martin Xavier. "I Just Ran Two Million Regressions," *American Economic Review*, Vol. 87 (2), 1997.

Schneider, F. and B. Frey, "Economic and Political Determinants of Foreign Direct Investment," *World Development*. Vol, 13, 1985.

Schott, Peter K, "The Relative Sophistication of Chinese Exports," *NBER, Working Paper* 12173, 2006

Schott, Peter K. "Across-Product versus Within-Product Specialization in International Trade," *Quarterly Journal of Economics*, 119 (2), 2004.

Schultz, T. W. , "The Value of the Ability to Deal with Disequilibria," *Journal of Economic Literature*, Vol. 13, 1975.

Schumacher, E. F. , *Small is Beautiful: Economics as if People Mattered*, New York: Harper and Row, 1973.

Shaw, E. S. *Financial Deepening in Economic Development.* New York: Oxford University Press, 1969.

Simon Kuznets, Quantitative Aspects of the Economic Growth of Nations: X. Level and Structure of Foreign Trade: Long-Term Trends, *Economic Development and Cultural Change*, Vol. 15, No. 2, Part 2, 1967.

Solow, Robert M. *Growth Theory: An Exposition.* Oxford: Oxford University Press, 1988.

Solow, Robert M. , "A contribution to the theory of economic growth," *Quarterly Journal of Economics*, Vol. 70, No. 1, 1956.

Stiglitz, Joseph E. "*Toward a New Paradigm for Development: Strategies, Polices, and Processes,*" Prebisch Lecture at UNCTAD, Geneva, October 19, 1998

Summers, Robert and Alan Heston, *Penn World Tables Mark* 5. 6, PWT56. Uni. of Pennsylvania, 1991.

Takatoshi Ito. "What can Developing Countries Learn from East Asia's Economic Growth", *Annual World Bank Conference on Development Economics* 1997, Washington D. C. , 1998.

Tsiang, Sho-chieh. "Taiwan's Economic Miracle: Lessons in Economic Development. " In Arnold C. Harberger, ed. *World Economic*

Growth： Case Studies of Developed and Developing Nations. San Francisco：ICS Press，1984.

UNIDO. Industrial Statistics Database—3-digit Level of ISIC Code 1963-1998，2000.

Wade，Robert. Governing the Market： Economic Theory and the Role of Government in East Asian Industrialization. Princeton University Press，1990.

Warr，Peter G. "Comparative and Competitive Advantage." Asian Pacific Economic Literature，Vol. 8，No. 2，1994.

Weber，Max. The Protestant Ethic and the Spirit of Capitalism，London：Harper，1991.

Wei，Shang-Jin，"Attracting Foreign Direct Investment：Has China Reached Its Potential?" China Economic Review，6 (2)，1995.

Whitesell，Robert，and Barreto，Humberto，Estimation of Output Loss from Allocative Inefficiency： Comparisons of the Soviet Union and the U. S. ，Research Memorandum RM-109，MA：Center for Development Economics，Williams College，1988.

Willian H. Greene，Econometric Analysis，PrenticeHall，Inc，2000.

World Bank，Reform and Role of the Plan in the 1990s，Washington，D. C：World Bank，1992.

World Bank，World Development Report 1993，Oxford：Oxford University Press，1993.

World Bank，World Development Report，Oxford：Oxford University Press，1989.

World Bank. The East Asian Miracle： Economic Growth and Public Policy. Oxford：Oxford University Press，1993.

World Bank. World Development Report，1985，Oxford：Oxford University Press, 1985.

WTO, *World Trade Report* 2005, http://www. wto. org, 2005.

Xu Bin, "Measuring the Technology Content of China's Exports," Working paper at CEIBS, 2006.

Yi, Kei-Mu, "Can Vertical Specialization Explain the Growth of World Trade?", *Journal of Political Economy*, 111 (1), 2003.

Young, Alwyn. "The Tyranny of Numbers: Confronting the Statistical Realities of the East Asian Growth Experience," *Quarterly Journal of Economics*, Volume 110, Issue 3, 1995.

Young, Alwyn. "The Razor's Edge: Distortions and Incremental Reform in the People's Republic of China," *The Quarterly Journal of Economics*, 115 (4), 2000.

图书在版编目（CIP）数据

开放条件下中国经济增长模式的实证研究/杜修立著.—北京：
社会科学文献出版社,2015.12
ISBN 978－7－5097－7827－2

Ⅰ.①开…　Ⅱ.①杜…　Ⅲ.①中国经济－经济增长－研究
Ⅳ.①F124

中国版本图书馆 CIP 数据核字（2015）第 167118 号

开放条件下中国经济增长模式的实证研究

著　　者／杜修立

出 版 人／谢寿光
项目统筹／祝得彬
责任编辑／赵怀英

出　　　版／社会科学文献出版社·全球与地区问题出版中心（010）59367004
　　　　　　地址：北京市北三环中路甲 29 号院华龙大厦　邮编：100029
　　　　　　网址：www.ssap.com.cn
发　　　行／市场营销中心（010）59367081　59367090
　　　　　　读者服务中心（010）59367028
印　　　装／三河市尚艺印装有限公司

规　　　格／开　本：787mm×1092mm　1/16
　　　　　　印　张：13.25　字　数：171 千字
版　　　次／2015 年 12 月第 1 版　2015 年 12 月第 1 次印刷
书　　　号／ISBN 978－7－5097－7827－2
定　　　价／79.00 元